AF462763

CHANSONS

ET

POÉSIES DIVERSES.

CHANSONS INÉDITES.

IMPRIMERIE ET FONDERIE DE J. PINARD,
RUE D'ANJOU-DAUPHINE, N° 8.

CHANSONS

ET

POÉSIES DIVERSES

DE M.-A. DÉSAUGIERS.

TOME QUATRIÈME.

CHANSONS INÉDITES.

A PARIS,
CHEZ LADVOCAT,
LIBRAIRE DE S. A. R. LE DUC DE CHARTRES,
QUAI VOLTAIRE ET PALAIS-ROYAL.

M DCCC XXVII.

NOTICE.

NOTICE

SUR LA VIE ET LES OUVRAGES

DE M.-A. DÉSAUGIERS;

PAR M. J. T. MERLE.

MARC-ANTOINE-MADELAINE DÉSAUGIERS, dont la mort prématurée laisse de si nombreux et de si honorables regrets, naquit le 17 novembre 1772, à Fréjus, sous ce beau ciel de la Provence si fécond en inspirations poétiques; et celui qui devait être un jour notre premier chansonnier, fut bercé dans le pays des troubadours.

Il fut amené, encore enfant, à Paris, par son père (1), qui lui fit faire ses études au collége Mazarin, où il eut pour professeur de rhétorique le célèbre Geoffroy; il se plaisait souvent à reconnaître ce qu'il devait à ce savant critique, dont le goût pur et classique a influé d'une manière si heureuse sur le talent de l'élève.

Alors ce Désaugiers, que nous avons connu si brillant d'embonpoint et de gaîté, était d'une complexion faible et délicate, d'un caractère sérieux et mélancolique; ce ne fut guère qu'à l'âge de seize ans que son physique se fortifia, et qu'en même temps des traits d'un esprit vif et d'une humeur toute nouvelle commencèrent à jaillir de sa conversation, et surprirent agréablement sa famille et ses jeunes amis. Ce qui ne va pas moins étonner, c'est que ce chansonnier riant, qui a mérité d'être appelé l'*Anacréon français*, fut, au sortir de ses classes, sur le point d'entrer dans les ordres ecclésiastiques. Un ami et un compatriote de son père, que son état et sa naissance appelaient à l'épiscopat (aujourd'hui Monseigneur l'évêque de V.....), charmé de la douceur et de l'esprit du jeune Désaugiers, conseilla à ses parens de le placer dans l'Église; il y consentit lui-même avec cette facilité qui lui était naturelle, et déjà il avait fait une retraite de six semaines au séminaire de Saint-Lazare, quand il s'aperçut qu'il ne se sentait pas une vocation bien déterminée pour cet état: il y renonça (2).

Il avait alors dix-sept ans. Son penchant

l'entraînait déjà vers la carrière dramatique ; il fit à cet âge une comédie en un acte et en vers, qui fut jouée avec beaucoup de succès au théâtre des *Jeunes - Artistes*. Juliet, que nous avons vu depuis à Feydeau, y avait un rôle et y était, dit-on, fort plaisant (3).

Les premiers excès de la révolution dont Désaugiers fut témoin, avaient fait sur son esprit une impression triste et douloureuse, qui ne s'est jamais effacée, et à laquelle il a dû plus tard ses opinions politiques. Il prit le parti de s'éloigner de la France et de suivre à Saint-Domingue une de ses sœurs, épouse d'un colon de cette île. Une révolution plus atroce et des dangers plus imminens l'attendaient dans ce pays : la révolte des nègres contre les blancs venait d'éclater. Il prit les armes pour la défense générale, et, étant tombé au pouvoir des ennemis, il allait être fusillé, quand sa jeunesse et sa physionomie vive et spirituelle inspirèrent quelque pitié à ses assassins. Il fut jeté dans un cachot, mais il parvint à s'échapper ; et, poursuivi de tous côtés, il fut obligé de courir pendant plusieurs jours, en franchissant des ravins et des mornes, et en traversant des rivières. Exténué de faim et de lassitude, il eut le bonheur d'atteindre le rivage et d'y trouver un bâtiment anglais qui le reçut à son bord, et fit voile pour les États-Unis. Mais bientôt une maladie du caractère le plus grave, suite de ses fatigues, le frappa au milieu des marins effrayés. Comme elle avait les symptômes de la fièvre jaune, la crainte fit taire l'humanité, et, en passant devant New-Yorck, on le jeta sur le rivage, presque nu, en proie à une fièvre brûlante, et manquant de tout secours. Une femme charitable, dont il parlait souvent dans sa famille, en eut pitié, le fit transporter chez elle et lui prodigua les plus généreux soins. Cette maladie cruelle le mit au bord du tombeau : mais sa jeunesse amena une crise favorable; et en même temps son heureux caractère, se ranimant en lui avec l'espérance qui ne l'abandonna jamais, vint aider les efforts de la nature.

Il a peint dans la préface de son recueil, avec les plus vives couleurs, les images riantes et les rêves de bonheur dont son imagination le berçait alors, et qui contribuèrent, à ce qu'il croyait, à son rétablissement: « J'allais périr, dit-il, quand la gaîté, mon « inséparable compagne, soulevant d'une « main le voile de l'avenir, me montra de « l'autre le beau ciel de ma patrie, où le bon- « heur semblait m'appeler; Momus me sou- « riait au bruit des grelots; Bacchus agitait à « mes yeux le myrte et le pampre; un jeune « enfant semblait m'inviter à me joindre à lui, « par son regard malin et les pas légers qu'il

« formait au son d'une flûte et d'un tambou-
« rin; Thalie elle-même me présentait son
« masque riant..... Je n'y résistai pas. Plus
« enivré du bien à venir qu'affecté du mal
« présent, j'opposai l'arme de l'espérance aux
« traits aigus de la douleur, les transports
« d'une joie anticipée au délire d'une fièvre
« brûlante ; et, confiant mes destinées à Nep-
« tune, je voguai vers la France, que com-
« mençait à éclairer un plus bel horizon; et
« la gaîté, devançant notre vol rapide, me
« conduisit enfin à ce port tant désiré, où une
« nouvelle existence me fit bientôt oublier
« cinq ans de périls et de malheurs (4). »

Cependant sa convalescence fut longue. Tourmenté par l'idée de se voir à charge à la respectable femme qui l'avait recueilli, il pensa à se réclamer auprès du consul de France, de ses deux frères, alors secrétaires de la légation française à Copenhague ; et, en effet, il en obtint aussitôt des secours, qui l'aidèrent à s'acquitter, autant qu'il le pouvait, envers sa bienfaitrice.

Dès qu'il eut repris des forces, il chercha, en attendant des nouvelles de France, à faire ressource d'un talent agréable qu'il devait à son éducation. Il se rendit à Philadelphie, où, s'annonçant comme maître de clavecin, il fut reçu dans les meilleures maisons en cette qualité, et dès qu'il se vit en état de payer son passage sur un bâtiment, il s'embarqua pour revenir en France.

Il l'avait quittée en 1792, il la revit en 1797. Dès ce moment il consacra sa vie à réaliser les illusions de bonheur qu'il s'était faites; son caractère devint riant comme le ciel de sa patrie, et cette gaîté, qu'il regardait comme sa divinité tutélaire, ne l'a plus abandonné un seul instant pendant tout le cours de sa vie.

En rentrant en France, privé de fortune, il se livra avec ardeur à la culture des arts : la musique, les lettres, le théâtre lui offrirent des ressources et des distractions. Il avait pris en Amérique l'habitude des privations; elles ne furent jamais pour lui un sujet de chagrin. Il soutint avec une philosophie épicurienne les épreuves de sa nouvelle carrière, en luttant contre elles avec les seules armes de son humeur joyeuse. Ce fut en s'amusant, et presque sans s'en douter, qu'il commença une réputation qui devait un jour le placer au-dessus de tous nos chansonniers. Par un bonheur inouï, dont il fut redevable aux agrémens de son caractère, il ne trouva que des amis dans ses rivaux, et ne recueillit que des affections dans une carrière trop féconde en inimitiés.

Quelques petites pièces étincelantes d'esprit et de gaîté, et une foule de chansons faciles et naturelles, ne tardèrent pas à le faire remarquer ; il fut bientôt l'ami et le collaborateur de tous les jeunes auteurs qui enrichissaient de leurs ouvrages les nombreux théâtres de Paris. Moreau, Rochelle, Rougemont, Francis, Servières, Coupart, Chazet, Brazier, Gentil et une foule d'autres aussi gais et aussi spirituels associèrent leur muse à la sienne, et le théâtre des Jeunes-Artistes, de la Montansier, des Troubadours, des Variétés et du Vaudeville lui durent les plus jolies pièces de leur répertoire.

Désaugiers avait l'esprit aussi fertile que l'imagination. Il était doué d'une gaîté inépuisable et de tous les momens. Ces qualités se retrouvent dans ses nombreux ouvrages. L'habitude qu'il s'était faite de tout voir du côté plaisant lui rendait plus agréable et plus facile la composition de ces petits tableaux de mœurs comiques ou grivois, en si grand nombre, qui, pendant vingt-cinq ans, ont amusé tout Paris, et dont le succès ne se comptait que par cent représentations. L'allure franche de son talent ne se prêtait guère aux sottes bienséances qu'on exige dans la comédie moderne, où le comique de Dancourt, de Dufresny, de Regnard, et même celui de Molière, est souvent jugé de mauvais ton ; cependant la jolie comédie de *l'Hôtel garni**, qui est restée au répertoire du Théâtre-Fran-

* Faite en société avec M. Gentil.

çais, *le Mari intrigué*, en trois actes et en vers, représenté avec beaucoup de succès au théâtre Louvois, et depuis à l'Odéon; *l'Avis au public*, que l'on joue souvent à Feydeau; plusieurs jolies petites comédies en vers applaudies à différens théâtres; et enfin *l'Homme aux précautions* *, comédie en cinq actes, qui méritait plus qu'un succès d'estime, où l'on remarque des caractères bien tracés, un dialogue à la fois naturel et piquant, une versification toujours pure et élégante, et un mérite d'observation poussé peut-être jusqu'à l'excès, prouvent que Désaugiers aurait pu réussir plus souvent à la Comédie-Française, s'il eût voulu renoncer aux facilités et aux avantages que lui offraient les petits théâtres (5).

Il serait presque inutile de parler ici des chansons de Désaugiers; elles sont depuis long-temps appréciées, et sa supériorité dans ce genre n'est plus contestée. On pourrait presque dire que la chanson rentra en France avec lui. Ce fut effectivement vers l'année 1797 qu'on recommença à chanter : une réunion d'hommes d'esprit, dont la plupart sortaient des prisons révolutionnaires, ressuscita la gaîté. Depuis sept ans, on gémissait en

* Joué à l'Odéon en 1820. Les représentations en furent interrompues par la maladie de M. Perrier qui avait le principal rôle, et par sa retraite de ce théâtre.

France ; on se fatigua de pleurer, on chanta : le caractère national reprit le dessus, et la gaîté vint sécher les larmes que la terreur avait fait répandre. On se réunit autour d'une table et on chercha à oublier ses malheurs avec du Champagne, à s'étourdir sur l'avenir avec des refrains. Les deux Ségur, Dupaty, Laujon, Piis, Barré, Radet, Desfontaines, Le Prévôt d'Iray, Maurice Séguier, Chazet, Bourgueil, Rosière, Léger et une foule d'autres chansonniers, égayèrent avec leurs couplets Paris et les provinces ; ils donnèrent l'exemple et la chanson reprit son empire. Une société non moins spirituelle et peut-être plus franchement gaie, composée de jeunes gens qui n'avaient rien à sacrifier à l'étiquette, formèrent une réunion bachique, connue bientôt de tout Paris sous le nom des *Garçons de bonne humeur*. On doit penser que Désaugiers en fit partie, et qu'il ne tarda pas à s'y faire remarquer par cette franchise d'expression, cette abondance de traits, ce bonheur de saillies, et cette entraînante gaîté qui caractérisent ses chansons ; il donna le type du véritable vaudeville français, en réunissant dans ses couplets toutes les qualités de nos meilleurs chansonniers. Ses chansons sont plus spirituelles et aussi correctes que celles de Pannard ; plus décentes et aussi gaies que celles de Collé ;

aussi gracieuses et plus fortes d'idées que celles de Favart. Quelques unes sont par leurs développemens de petits poëmes ; un grand nombre ont le mérite d'offrir une peinture piquante et naïve des mœurs et des ridicules de toutes les classes de la société ; il en est qui sont de véritables odes que l'on peut comparer pour le charme et la philosophie aux plus belles odes d'Horace, et pour l'insouciance épicurienne, aux meilleures stances de Chaulieu. *Verse encor, Ma Vie Epicurienne,* la *Manière de vivre cent ans*, *ma Fortune est faite, Quand on est mort c'est pour long-temps*, *Vivent les Grisettes*, *Paris à cinq heures du matin*, *Pierre et Pierrette*, et cent autres chansons que je pourrais citer, sont des tableaux qui ne laissent rien à désirer à la critique la plus exigeante, comme au goût le plus sévère ; ce sont de petits chefs-d'œuvre qui peuvent être placés à côté de ce que nous possédons de plus agréable dans le genre, si riche en France, de la poésie légère (6).

En quelques années la réputation de Désaugiers prit un grand essor, et l'on peut dire que la bonté de son cœur et les agrémens de son caractère y contribuèrent autant que son talent. Recherché par tout ce que Paris avait de distingué, il devint l'ame de toutes les réunions, et dans les salons les plus brillans des grands seigneurs, comme dans le modeste réduit d'un ami, il sut toujours conserver, au milieu des élans de sa gaîté, une dignité de bon goût et un sentiment parfait des convenances.

M. Duvicquet, dans un article remarquable sur Désaugiers *, caractérise d'une manière fort piquante le succès qu'il obtenait en chantant ses chansons : « Au mérite de com-
« poser supérieurement le couplet, Désau-
« giers joignait le talent non moins rare de
« le chanter en perfection. Sa physionomie
« douce et aimable s'animait au feu du vin
« d'Aï, au cliquetis des verres, au concert
« bruyant de ses refrains. L'exécution dou-
« blait le mérite de la chanson. L'acteur le
« plus exercé aurait été vaincu par la vérité
« franche et expressive du masque et de la
« pantomime de l'auteur. »

En 1808, M. Capelle, alors libraire, ayant eu l'idée de ressusciter le *Caveau*, sous la présidence du vieux Laujon, qui avait fait partie de cette célèbre réunion chantante, ne manqua pas de s'adjoindre Désaugiers. Les dîners du *Caveau moderne* devinrent bientôt fameux, les chansons bachiques et gastronomiques firent la réputation du *Rocher de Cancale*, et la cave et les fourneaux de *Balaine* furent immortalisés par les re-

* *Journal des Débats* du 12 août.

frais de l'élite de nos chansonniers. Après la mort de Laujon et la retraite de Piis, Désaugiers fut nommé président de la société; ce fut lui qui découvrit Béranger, alors tout-à-fait ignoré, et qui devina son talent. L'auteur de la charmante chanson *du Roi d'Yvetot* fut présenté par lui au *Caveau* comme un homme qui devait être un jour un de nos premiers chansonniers; Désaugiers le produisit dans le monde avec cette bonhomie, cette candeur et cette modestie qui donnaient tant de grâce à ses moindres actions.

M. Barré, après avoir dirigé, pendant vingt-trois ans, avec honneur le théâtre du vaudeville, désigna Désaugiers pour le remplacer. S. M. Louis XVIII lui confia, en 1815, la direction de ce théâtre; il y ramena pendant plusieurs années la foule et la gaîté. Les devoirs fatigans et pénibles de sa nouvelle position troublèrent souvent le bonheur de sa vie; obligé de lutter sans cesse contre des amours-propres et des intérêts, il fut en butte à des contrariétés affligeantes: forcé de s'éloigner de son théâtre, il y fut rappelé il y a deux ans par le vœu des actionnaires et par la volonté du roi, Charles X, qui aimait sa personne et son talent.

Vers cette époque, sa santé s'altéra. Ce fut dès le commencement du printemps de 1825, et pendant un voyage de quelques jours que nous fîmes ensemble à Montmorency, pour travailler à la pièce du sacre du Roi*, qu'il commença à sentir les atteintes de la maladie qui devait le conduire au tombeau. Deux attaques de coliques néphrétiques en avaient été les premiers symptômes On reconnut l'existence de la pierre. Il en reçut la nouvelle avec assez de calme, par la confiance qu'on lui donna dans le procédé nouveau dont la chirurgie venait de s'enrichir. Les opérations de lithotritie, auxquelles on le prépara, furent retardées par une violente inflammation des reins qui mit pendant deux mois sa vie en danger. Enfin le broiement pouvant être essayé, il le fut à quatre reprises, et d'abord avec succès. L'extraction de quelques fragmens du corps étranger et le soulagement que Désaugiers en éprouva, firent croire à sa prochaine guérison. Les journaux s'empressèrent même de l'annoncer. En effet, il travaillait, sortait, vaquait à ses affaires. « Mais « les douleurs n'avaient point entièrement « cessé; elles devinrent bientôt plus fréquen- « tes, plus aiguës. Il se plaignait en outre « d'une grande faiblesse dans les reins. Sa « conformation, qui avait rendu les premières « opérations du broiement difficiles, força

* *Le Vieillard d'Ivry*, ou 1590 *et* 1825, vaudeville en deux actes, de MM. Désaugiers, Merle et Ferdinand, représentée sur le théâtre de la Porte Saint-Martin.

« M. Heurteloup de les interrompre, neuf « mois avant que la taille ne fût pratiquée. « Son état empira sensiblement, et une nou- « velle inflammation des reins y contribua. « L'impossibilité de prendre du repos et la « perte totale de l'appétit rendirent l'amai- « grissement rapide ; ces symptômes alarmans « parurent tellement graves à ses médecins « qu'ils provoquèrent une consultation à la- « quelle MM. Marjolin et Marc furent appe- « lés. Elle eut lieu le mercredi 8 août, et il « y fut résolu d'employer au plus tôt la taille, « comme le seul moyen d'arrêter ces symp- « tômes précurseurs d'une mort certaine. » M. Marjolin annonça avec ménagement cette décision à Désaugiers qui fut bientôt résigné. Son heureux caractère, agissant sur son esprit, ne lui laissa pas envisager le danger de cette cruelle opération; il n'y vit que la fin de ses souffrances, et il ne douta point du succès. Sa figure qui se décomposait depuis quelques jours se ranima; ses yeux à moitié éteints reprirent de la vivacité. Il disait à sa famille qui entourait son lit : « Sen- « tez-vous combien je vais être heureux? je « pourrai enfin dormir! vous me verrez plus « gai que jamais. » Les médecins, jugeant que la taille ne pouvait être différée, revinrent le lendemain matin 9 août, pour y procéder. Ils trouvèrent Désaugiers plein de résolution. Le docteur Pasquier fils, qu'il avait lui-même choisi pour cette opération, l'exécuta avec beaucoup de promptitude et de dextérité, en présence de MM. les docteurs Marjolin, Marc, Pasquier père, Heurteloup, Motte, et Deguise fils. Mais à peine était-elle terminée que Désaugiers, qui l'avait supportée avec un grand courage, se plaignit de douleurs affreuses vers la région des reins. Remis sur son lit, sa respiration devint difficile; à ses cris succédèrent bientôt des plaintes entrecoupées; et les mots, *j'étouffe! j'étouffe!* articulés avec effort, furent les derniers qu'il prononça. Il expira peu de momens après, entre les bras de M. Heurteloup.

Les médecins, frappés d'une mort si prompte et avec des circonstances si imprévues, firent le lendemain l'ouverture du corps et découvrirent avec surprise que les reins n'existaient plus. « Celui du côté gauche « était entièrement dissous; le droit était « transformé en une masse noirâtre et in- « forme. C'est la rupture de cette masse qui, « en occasionant un épanchement de plu- « sieurs livres de sang dans le bas-ventre, « avait amené la suffocation et la mort. On « jugea que la dissolution de ces organes avait « eu pour cause les coliques néphrétiques et « les inflammations des reins dont il a été « parlé. C'est ce qui explique le malaise et

« la grande faiblesse que Désaugiers éprou-
« vait dans cette partie. C'est ce qui rendait
« sa perte inévitable, lorsque même on eût
« pu le guérir de la pierre (7). »

Ainsi mourut, avant d'avoir achevé sa cinquante-quatrième année, l'un des hommes les plus aimables de notre époque, au nom duquel s'attacheront toujours des idées de gaîté, d'esprit et d'enjouement; qui semblait avoir été formé par la nature pour la carrière qu'il a parcourue. Sa physionomie ouverte et spirituelle, ses manières franches et affectueuses, son sourire amical, ses yeux vifs et animés, sa conversation toujours aimable, la rondeur de sa taille et l'espèce de désordre pittoresque qui régnait dans sa toilette, tout annonçait en lui un ami du plaisir et de la joyeuseté. Sa gaîté était de tous les instans; ce fut entre deux crises qu'il composa, quelques mois avant sa mort, cette épitaphe facétieuse, digne de Scarron.

Ci-gît, hélas! sous cette pierre
Un bon vivant mort de la pierre;
Passant, que tu sois Paul ou Pierre,
Ne va pas lui jeter la pierre.

Son cœur était aussi distingué que son esprit; sa bonhomie rappelait souvent celle de La Fontaine; sa douce tolérance, son indulgente bonté donnaient un prix infini à son amitié : à ces qualités il joignait une probité sévère qui ne reculait devant aucune preuve de désintéressement, et à laquelle aucun sacrifice ne coûtait. C'était surtout de lui qu'on aurait pu dire qu'il était formé

> De la volupté d'Épicure
> Et de la vertu de Caton.

Je ne puis résister au plaisir de citer encore M. Duvicquet. « Quelque recommandable « qu'ait été Désaugiers par son talent et par « l'innocent emploi qu'il en a su faire, c'est « surtout par l'excellence de son cœur, par « son inflexible probité, par ses vertus do- « mestiques, que son souvenir sera toujours « précieux. C'était un homme de bien, un « père, un époux, un ami incomparable, et « il est assez connu pour que nous n'ayons « pas à craindre que l'on assimile l'éloge que « nous nous faisons un devoir de lui donner, « à l'une de ces louanges banales, dont on « charge sans discernement toutes les tombes « funéraires. Tous les trésors de bonté, le « cœur de Désaugiers les renfermait, et le « seul tort qu'il ait eu peut-être dans sa trop « courte vie, c'est d'avoir porté quelquefois « à l'excès cette qualité qui, surtout dans « l'exercice d'un emploi public, a besoin de « reconnaître des limites (8). »

Ses liaisons d'amitié n'ont jamais subi,

pendant trente ans, aucune atteinte, n'ont éprouvé aucune altération; les amis de sa jeunesse furent ceux de sa vie entière. On était sûr de retrouver toujours en lui le même zèle, le même dévouement; peu exigeant pour les autres, il croyait n'avoir jamais assez fait pour eux : son cœur était si bon, si expansif, que tous ceux qui l'aimaient étaient sûrs d'y trouver une place. Ce n'était cependant pas, suivant l'expression d'Alceste, l'*ami du genre humain;* son sens était trop droit, sa raison était trop éclairée pour ne pas lui faire mettre des nuances dans son amitié : ce qui est absolument vrai et juste, c'est qu'il ne haïssait personne.

La vie de Désaugiers, comme celle de tous les hommes modestes et sans ambition, a été, depuis son retour d'Amérique, peu féconde en événemens; il la passait doucement au milieu des plus tendres affections de famille et des intimités de l'amitié. Comme toute la France, il fut long-temps séduit par l'éclat de nos victoires, il les célébra avec dignité: les souvenirs de sa jeunesse lui rappelaient souvent les malheurs de la famille de nos rois, et il salua son retour avec joie. A la restauration, il consacra sa muse à chanter les charmes de la paix et les bienfaits des Bourbons; son amour pour eux ne se démentit pas un seul instant (9). Louis XVIII le nomma, il y a six ans, chevalier de la légion d'honneur : jamais cette récompense ne fut accordée à un talent plus national, jamais cette croix ne fut placée sur un cœur plus noble et plus loyal : sa mort a été honorée des regrets du roi (10).

Les obsèques de Désaugiers eurent lieu le samedi 11 août, à dix heures du matin, dans l'église de Saint-Roch, sa paroisse. *Un peuple d'amis* (11) entouraient son cercueil ; le deuil était conduit par son fils et son frère, son gendre et son neveu. Les coins du poêle étaient portés par MM. Gentil et Plantade, choisis parmi ses plus chers amis, par M. Gouin, administrateur du vaudeville, et M. Fontenay, l'un des plus anciens acteurs de ce théâtre. Après les cérémonies religieuses, le convoi se dirigea vers le cimetière du Père-Lachaise, et fut suivi par un grand nombre d'artistes et d'hommes de lettres : c'est là qu'ont été déposés les restes de cet excellent homme, dont le *cœur était une fête continuelle*. L'amitié s'est chargée du soin de faire élever un tombeau à celui qui n'a fait verser des larmes que le jour de sa mort, et qui pendant trente ans de sa vie a fait rire et chanter toute la France (12).

La douleur profonde qui remplissait tous les cœurs, au moment où le corps a été placé dans sa dernière demeure, n'a permis à tous les amis de Désaugiers d'entourer sa tombe que de leurs sanglots, aucun adieu n'a pu lui être fait (13). Notre ami commun, Charles Nodier, à cent cinquante lieues de Paris, en apprenant la perte que nous venons de faire, a exprimé des regrets, que je rapporte ici comme un des hommages les plus honorables qui aient été rendus à la mémoire de Désaugiers.

LETTRE DE M. CHARLES NODIER

AU RÉDACTEUR DE *LA QUOTIDIENNE*.

Bordeaux, 18 août

MON CHER COLLABORATEUR,

J'apprends, à cent cinquante lieues de Paris, la mort de Désaugiers. Je n'ai pu l'accompagner à sa dernière demeure. Mon cœur éprouve le besoin de s'associer aux regrets qui l'ont suivi, aux larmes qui ont arrosé sa fosse, à l'expression d'un sentiment que tout le monde partage, mais que personne ne peut éprouver plus amèrement que moi. *Nulli flebilior.*

Enfant, j'avais été accueilli par Désaugiers avec cette effusion de bonté si naturelle à son caractère ; jeune homme, j'étais devenu son ami. J'espérais le voir vieillir. Le ciel, qui lui avait donné le génie d'Anacréon, lui en devait peut-être les cheveux blancs. Il est affreux de penser que sa carrière comme homme était peu avancée, et qu'il lui restait une nouvelle couronne à conquérir comme poète. Désaugiers, si heureusement inspiré par le plaisir, avait aussi des chants pour la sagesse. La philosophie élégante et presque voluptueuse d'Aristippe et de Platon n'a rien à envier aux Muses.

On remarquera que Désaugiers, qui a été un des derniers interprètes de notre gaîté française, et qu'on ne remplacera pas plus sous ce rapport que sous tous les autres, avait reçu l'éducation la plus propre à développer des idées graves et mélancoliques, celle de la proscription et du malheur. Les premiers tableaux qui frappèrent ses regards auraient laissé une impression ineffaçable dans une autre organisation. La sienne triompha de tout. Les peines passées n'étaient pour lui qu'une raison de plus de jouir des biens présens.

Je n'essaierai pas de fixer la place qu'il doit occuper parmi ses modèles et ses rivaux. Il évitait avec soin cette frivole discussion de titres et de prééminence, quoiqu'il eût moins que personne à la redouter. Dans les premiers, il ne voyait que ses maîtres, dans les autres, que ses amis. Son cœur attachait plus de prix à une affection qu'à un succès. Il aurait été jaloux d'un sentiment; il ne l'était pas d'un triomphe.

Ce qui paraîtra extraordinaire dans sa vie, c'est qu'au milieu de tous les inconvéniens d'une existence publique et d'une réputation populaire, il ait pu conserver sans altération les biens qui font le charme de l'obscurité : le repos de l'esprit et de l'ame. La haine a respecté sa conduite, comme l'envie a respecté son talent. Il s'est trouvé engagé dans des opinions politiques, et jamais dans des disputes. Malin sans méchanceté, il a fait rire aux dépens de tout, et ne s'est jamais permis de faire rire aux dépens de personne. On ne saurait ni compter ses épigrammes, ni lui en reprocher une seule. Il a exercé la critique sans blesser et le pouvoir sans nuire. Tous ceux qui l'ont connu le pleurent.

Le monument de Désaugiers, ce sont ses ouvrages. Si nous lui en élevons un jour un autre, je proposerai d'y tracer cette courte inscription :

A DÉSAUGIERS,

QUI N'EUT PAS D'ENNEMIS.

NOTES.

(1) Le père de Désaugiers, nommé comme lui Marc-Antoine, d'une des bonnes familles de la ville de Fréjus, où il était propriétaire, avait été entraîné dès sa jeunesse vers l'art musical par une vocation d'autant plus singulière qu'un défaut de conformation à sa main gauche, dont il n'a jamais pu faire usage, lui interdisait toute espèce d'instrument. Il s'enseigna lui-même les principes de la composition et fut son seul maître. Sa ville natale ne lui offrant point les moyens de développer le talent qu'il se sentait, il vint avec sa jeune famille à Paris, en 1774. Il s'y annonça d'abord moins comme musicien que comme homme de lettres, en publiant, en 1776, une fort bonne traduction française de l'*Art du chant figuré* de J. B. Mancini, avec de nombreuses notes remplies d'une instruction très variée; et, peu de temps après, plusieurs lettres aussi savantes que bien écrites *sur la musique des Grecs*. C'était l'époque d'une

révolution dans notre musique. Ces ouvrages, surtout les *lettres*, où le mérite des recherches se joignait à des idées nouvelles, devaient être alors remarqués. Gluck voulut en connaître l'auteur, et il lui voua une estime et une amitié particulière.

Il ne tarda pas à établir sa réputation musicale par différentes compositions dramatiques qu'il donna successivement à l'Académie royale de musique, et au théâtre Italien, aujourd'hui l'*Opéra-Comique*, toutes marquées d'une verve originale, et pleines d'expression, d'élégance et de fraîcheur. Les poëmes de ces opéras (alors partie importante), étant malheureusement froids ou faibles, à l'exception des *Deux Jumeaux de Bergame* de Florian, ne purent se soutenir long-temps à la scène; mais tous les airs devinrent populaires, et (comme il est dit dans la biographie universelle) « firent long-temps les délices de Paris. » La plupart sont encore chantés, sans qu'on en connaisse peut-être l'auteur. Quelques grands morceaux où l'on admira des beautés du premier ordre, prouvèrent que son génie était propre à tous les genres. En renvoyant, pour le titre de ces diverses productions, à l'article *DÉSAUGIERS* du dictionnaire historique des musiciens, par M. Choron, nous en transcrirons ce passage : « La messe qu'il « composa à la mémoire de Sacchini, reconnue « digne par tous les artistes du talent de l'homme « immortel qui l'avait inspirée, est une preuve « du génie lyrique dont la nature avait doué ce

« charmant compositeur. » Il avait été dans une liaison intime avec Sacchini comme avec Gluck. Nous ne devons pas non plus omettre le témoignage de Grétri, qui cite le chant heureux et naturel de Désaugiers, dans ses mémoires sur la musique.

Mais un mérite non moins recommandable et qui doit trouver ici une mention particulière, c'est l'attention véritablement paternelle qu'il donna à l'éducation de ses cinq enfans, y sacrifiant même son patrimoine, comme la fortune la plus sûre qu'il pût leur léguer; et enfin, le soin qu'il prit, aidé d'une épouse qui méritait toute son affection et son estime, de former lui-même leur caractère. Il est mort à Paris d'une maladie pulmonaire, vers la fin de 1793.

(2) Je voudrais qu'il me fût permis de citer une lettre très touchante que ce prélat vient d'écrire à la famille de Désaugiers. Elle honore autant le cœur de celui qui l'a écrite que la mémoire de l'homme qui en est l'objet. Monseigneur l'évêque de V... y rappelle la tendre affection qu'il eut pour Désaugiers dans sa jeunesse, et il regrette avec douleur qu'il n'ait pas suivi sa vocation première : *il vivrait peut-être encore*, dit-il, *et il serait aujourd'hui la consolation de ma vieillesse*.

(3) A la même époque, il arrangea en opéra comique le *Médecin malgré lui* de Molière, dont son père fit la musique. L'ouvrage, joué au théâtre Feydeau, en 1791, eut beaucoup de succès. La plupart des airs, que Désaugiers a

employés depuis dans plusieurs de ses pièces, sont devenus Vaudevilles.

(4) On a retrouvé dans les papiers de Désaugiers des stances qu'il composa probablement pendant cette convalescence, dans un moment de mélancolie. Il y a retracé les malheurs qu'il venait d'éprouver. On verra ici avec plaisir les premiers fruits de sa jeune muse.

A peine au printems de ma vie,
Appelé vers d'autres climats,
Loin d'une famille chérie
Un sort fatal guida mes pas.
Pour moi l'âge de la tendresse
Ne fut qu'un cercle de douleurs,
Et tout le feu de ma jeunesse
S'éteignit bientôt dans les pleurs.

Déjà mes yeux du nouveau monde
Admiraient les trésors divers :
Tout à coup une nuit profonde
N'offre autour de moi que des fers.
D'effroi mon ame anéantie
Sembla me quitter pour jamais,
Et je ne retrouvai la vie
Que pour voir la mort de plus près.

A la rage qui les dévore
Des monstres veulent m'immoler!
Ah! je n'ai pas vingt ans encore,
Et déjà mon sang va couler!
Grands Dieux, témoins de leur furie,
Pardonnez à mes ennemis;
Et vous, dont j'ai reçu la vie,
Bénissez tous deux votre fils!

Le ciel, touché de ma prière,
De mes bourreaux suspend les coups ;
Mais sur une tête plus chère
La mort a tourné son courroux :
Dans la France au crime asservie,
O mon père ! en ces jours de deuil,
Ta vertu, qu'on eût poursuivie,
Trouva l'asile du cercueil.

Mais il me restait une mère !
Du sort surmontant les rigueurs,
Je partis pour une autre terre,
Où m'attendaient d'autres malheurs.
Soudain d'une fièvre brûlante
Le poison dessèche mon sein,
Et bientôt de ma vie errante
Sans regret j'entrevois la fin....

Ces cinq stances sont les seules qu'on ait trouvées. Il ne paraît pas que Désaugiers en ait fait davantage.

(5) Le nombre des pièces que Désaugiers a faites, seul ou en société, s'élève à plus de cent vingt, représentés sur presque tous les théâtres de Paris; la liste en serait longue et inutile; les plus médiocres sont oubliées, celles qui tenaient à la circonstance ont produit leur effet; les bonnes, en très grand nombre, sont connues de toute la France.

(6) Désaugiers voyait avec tant de modestie le succès de ses charmantes chansons, qu'un de ses amis lui demandant, il y a trois ans, pourquoi il ne se présentait point avec ce titre à l'Académie-Française, il répondit seulement : « Oh! comme on rirait! »

(7) La plus grande partie de ces tristes détails a été prise dans un rapport très bien fait de M. le docteur baron Heurteloup, qui a opéré sur Désaugiers par la lithotritie. Il s'était adjoint pour cette cure difficile M. Pasquier fils, célèbre par ses belles opérations chirurgicales. Il est juste de dire que s'il eût été au pouvoir du talent et de l'art de sauver Désaugiers, on aurait dû sa conservation à l'habileté de ces deux jeunes docteurs, et aux soins qu'ils n'ont cessé de lui donner pendant vingt mois, avec le zèle et le dévouement de la plus rare amitié. Ils ne sont point ceux qui l'ont le moins pleuré. « Mieux « peut-être que ses autres amis (dit M. Heurte- « loup, en terminant son rapport), les méde- « cins appelés pour le rendre à la santé, ont « pu apprécier les qualités de cet excellent « homme. Malgré les souffrances que lui faisait « éprouver son mal, il a toujours montré une « aménité constante, une persévérante bonté, « et une douce et courageuse philosophie. Une « seule pensée peut adoucir la peine qu'ils éprou- « vent de l'avoir perdu, c'est de n'avoir rien né- « gligé pour reculer les bornes d'une existence « si précieuse, mais qui malheureusement avait « reçu de trop profondes atteintes. »

(8) Sa trop confiante bonté lui coûta, il y a peu d'années, des sommes considérables (plus de 50,000 fr.) qui lui furent soustraites par d'indignes moyens. Il ne se montra sensible à cette perte que pour l'intérêt de sa famille, et par le regret d'avoir été trompé par de faux amis.

(9) L'attachement de Désaugiers à la cause royale était chez lui un sentiment vrai et profond. Il le prouva pendant les cent jours, en se retirant à Rouen, et se tenant prêt à passer en Angleterre, plutôt que de célébrer le retour de celui qui avait abdiqué.

(10) S. M. avait pour Désaugiers une bienveillance particulière. Dans l'une des visites qu'elle fit au Louvre, en parcourant les galeries des produits de l'industrie, elle s'arrêta devant un nouvel instrument de chirurgie destiné à des opérations de broiement de la pierre; elle dit avec émotion : *Peut-être que si l'on avait employé cet instrument, nous n'aurions pas perdu Désaugiers.*

S. M. vient de donner à sa veuve une preuve de sa munificence. Voici la lettre que M. le vicomte de La Rochefoucauld vient d'écrire à madame Désaugiers en lui envoyant, au nom du roi, le brevet d'une pension de 1,500 fr.

« Le roi, Madame, sur la proposition que je lui en ai faite, a bien voulu vous accorder une pension de 1,500 fr., qui commencera à partir du 1er septembre prochain. Ce témoignage tout particulier de la bienveillance de S. M. est dû au souvenir honorable que laisse après lui M. Désaugiers; il est la récompense du dévouement inaltérable à la monarchie dont votre mari a donné des preuves sans nombre; il est encore un hommage rendu à ses travaux littéraires. Puisse ce nouvel acte de la sollicitude du Roi apporter quelques consolations aux regrets qui vous affligent! Je suis heureux, Madame, d'avoir pu, dans un moment aussi pénible, vous prouver moi-même l'intérêt que vous m'avez inspiré. »

(11) Cette expression assez heureuse est de M. Hapdé qui est un de ceux qui ont eu l'idée de faire élever un monument à Désaugiers. La *Quotidienne*, le *Courrier des Théâtres* et le *Mentor*, proposèrent le même jour la souscription qui avait été résolue le jour des funérailles, et par un mouvement spontané, par MM. Tournay, Gentil, Gersin, Hapdé et Merle, amis et collaborateurs de Désaugiers.

Le gouvernement, secondant généreusement cette résolution de l'amitié, a daigné faire connaître qu'il fournirait, des marbres qui lui appartiennent, ceux qui seraient nécessaires pour le monument qui va être élevé.

(12) M. Prin, l'un des agens des auteurs dramatiques et l'ami de Désaugiers depuis trente ans, a fait insérer dans les journaux une lettre qui servira à faire connaître le cœur et les vertus de cet excellent homme.

A M. le Directeur du Courrier des Théâtres.

Paris, le 15 août 1827.

Monsieur le Directeur, vous avez eu la complaisance d'annoncer dans votre feuille d'hier qu'une souscription était ouverte chez les agens des auteurs pour un monument à élever au bon Désaugiers. Cette annonce n'a pas été plutôt connue que des gens de lettres et des artistes sont accourus à mon bureau pour y déposer le don de l'amitié ou de la reconnaissance. Cet empressement n'étonnera point ceux qui, comme moi, connaissaient le cœur de Désaugiers. Vous avez renouvelé les regrets de vos lecteurs en leur peignant l'homme d'esprit, l'homme aimable, l'administrateur intègre; ayant été, par mes relations avec Désaugiers, à même de connaître ce que sa délicatesse et son ingénieuse bonté lui faisaient appeler ses *dépenses secrètes*, je puis vous parler de l'homme bienfaisant et généreux. Que d'infortunés venaient partager le produit de ses ouvrages! Quand il s'agissait de tirer d'embarras un ami, de soulager un malheureux, il oubliait que ses ressources pécuniaires étaient insuffisantes pour subvenir à ses besoins et à ceux de sa famille. Il se laissait toujours aller aux premiers mouvemens d'un cœur compatissant et généreux,

Quis desiderio pudor aut modus
Tam cari capitis?......

Agréez, etc.

L'agent général des auteurs dramatiques,
PRIN.

(13) M. Gentil, un des plus anciens et des meilleurs amis de Désaugiers et son collaborateur le plus habituel, s'était avancé pour jeter quelques fleurs sur sa tombe; mais les sanglots vinrent étouffer sa voix. Il fallut le soutenir et l'emporter.

CHANSONS

ET

POÉSIES INÉDITES.

CHANSONS

ET

Poésies Inédites.

CHANT DU SOLDAT.

Air de la Retraite

Marche au combat!
Voilà mon cri de guerre :
S'il est sur terre
Un bel état,
C'est celui de soldat.
Vivre exempt de soucis,

Défendre son pays
Et boire à ses amis,
C'est le moyen
D'être riche avec rien.

Est-il repos,
Est-il plaisir qui vaille
Une bataille
Où d'un héros
Nous suivons les drapeaux?
La gloire nous attend,
Nous chantons en partant,
Nous chantons en battant,
Nous chantons quand
Nous revenons au camp.

Pour nous l'amour
Forma toutes les belles;
Les plus rebelles
S'unissent pour
Chanter notre retour:
Devenu plus humain,
Chaque tendron est vain
D'unir sa douce main
A celle qui
Fit trembler l'ennemi.

L'argent n'est rien
Pour le franc militaire :
Il a son verre
Pour tout soutien,
Et l'honneur pour tout bien.
A ses yeux peu jaloux,
L'espoir d'un sort plus doux,
Tout l'or, tous les bijoux
Ont moins de prix
Qu'un drapeau qu'il a pris.

Ceint d'un laurier,
Et fier sur une tonne,
Nul coup n'étonne
Le cœur altier
D'un valeureux guerrier.
Soir et matin il boit,
Il boit à chaque exploit ;
Jamais on ne le voit
Verser en vain
Ni son sang ni son vin.

LE FROID ET LE CHAUD.

Air du vaudeville de M. Blaise.

Chers auditeurs, qui de mes veilles
Attendez le fruit, quel qu'il soit,
Je crains de glacer vos oreilles
Par mon refrain : Oh! comm' c'est froid!
Puis dans l'autre excès tombant vite,
J'ai peur de les échauffer trop,
En répétant six fois de suite :
Oh! comm' c'est chaud! oh! comm' c'est chaud! (3 *fois*.)

Allez-vous chez un homme en place,
Au ventre large, au cœur étroit,
Solliciter la moindre grâce...,
Oh! comm' c'est froid! oh! comm' c'est froid!
Frappez ensuite à la chambrette
De l'artiste qui pour tout lot
N'a que sa mie et sa couchette...,
Oh! comm' c'est chaud! oh! comm' c'est chaud!

Imbu de l'art d'aimer d'Ovide,
Qu'un beau garçon bien maladroit
S'offre à Chloë, le gousset vide,
Oh! comm' c'est froid! oh! comm' c'est froid!
Mais d'un coffre-fort qu'elle lorgne
Que le son annonce un lourdaud,
Fût-il bossu, boiteux et borgne...,
Oh! comm' c'est chaud! oh! comm' c'est chaud!

Dans certains banquets à grimace,
Où, comme l'Aï qu'on y boit,
Le convive est frappé de glace,
Oh! comm' c'est froid! oh! comm' c'est froid!
Mais, à cette table bruyante
Où l'esprit n'est pas un impôt,
Où le cœur seul babille et chante,
Oh! comm' c'est chaud! oh! comm' c'est chaud!

Au bout d'un mois de mariage,
Chaque fois qu'Ursule et Benoît
Sont nez à nez dans leur ménage...,
Oh! comm' c'est froid! oh! comm' c'est froid!
Mais par degrés les mots s'ensuivent,
Les reproches viennent bientôt,
Et quand les coups de poings arrivent...,
Oh! comm' c'est chaud! oh! comm' c'est chaud!

L'œil en feu, deux poltrons se toisent,
Et sur le pré marchent tout droit... ;
Mais sitôt que leurs fers se croisent,
Oh! comm' c'est froid! oh! comm' c'est froid!
On s'explique : nos fiers athlètes
Chez le traiteur ne font qu'un saut,
Et quand viennent les côtelettes...,
Oh! comm' c'est chaud! oh! comm' c'est chaud!

Des feux que l'été nous ramène
Quand chaque jour l'ardeur s'accroît,
Chez Thalie et chez Melpomène
Oh! comm' c'est froid! oh! comm' c'est froid!
Mais quand Mars ou Talma s'en mêle,
Quand de talent ils font assaut...,
Qu'il neige, qu'il vente ou qu'il gèle,
Oh! comm' c'est chaud! oh! comm' c'est chaud!

De tant d'opéras et de drames
Qu'à défaut de mieux on reçoit,
Malgré leurs torches et leurs flammes,
S'il nous faut dire : oh! comm' c'est froid!
Toujours chers à notre pensée,
Que d'auteurs moissonnés trop tôt,
Du fond de leur tombe glacée
Font encor dire : oh! comm' c'est chaud!

LE SOUPER.

Air du vaudeville de M. Blaise.

Qui nous rendra l'antique usage
De ces soupers délicieux
Où la franchise et l'Ermitage
Réunissaient nos bons ayeux?
Ils goûtaient au sein de l'ivresse
L'oubli d'un travail terminé,
L'oubli d'une mauvaise pièce
Et l'oubli d'un mauvais dîné. (*ter.*)

Le souper, fils de la folie,
Est l'ame des joyeux loisirs... ;
C'est l'aiguillon de la saillie,
C'est l'avant-coureur des plaisirs...
Et la première fois qu'un sage,
Que l'histoire ne nomme pas,
Dit : *aux derniers les bons,* je gage
Qu'il parlait des derniers repas.

Des amourettes clandestines
Le souper trahit le secret,
Des chansonnettes libertines
Il permet l'essor indiscret;
Tout y séduit, enivre, enchante,
Tout y respire l'abandon...
L'esprit babille, le cœur chante... :
C'est la goguette du bon ton.

Le souper ranime les forces
Qu'épuisa le travail du jour;
Le feu de ses vives amorces
S'allume au flambeau de l'amour.
Le désir tend au vin qui coule
La coupe de la volupté...
Et chaque moment qui s'écoule
Ote une épingle à la beauté.

C'est au souper que les ministres
Déposaient leur sévérité;
Que de leurs fronts souvent sinistres
Ils dépouillaient l'austérité;
Au plaisir un peu moins rebelles,
Et las de leurs airs protecteurs,
Entre le Champagne et les belles
Ils devenaient solliciteurs.

Les soupers exaltaient Voltaire,
Les soupers échauffaient Piron,
Les soupers enflammaient Molière,
Les soupers consolaient Scarron.
C'est là qu'heureux de leur délire,
Avec orgueil, à ses élus
Apollon confiait sa lyre...
Ah! pourquoi ne soupons-nous plus?

COUPLETS IMPROMPTU

CHANTÉS A UNE REPRÉSENTATION DONNÉE AU BÉNÉFICE D'UNE FAMILLE INDIGENTE.

AIR : Ah ! que de chagrin dans la vie !

HOMMAGE au talent qui console,
Qui, combattant la triste adversité,
Exploite notre humeur frivole
Au profit de l'humanité ! (*bis.*)
Thalie, au nom de l'indigence,
Voit ses enfans ici se réunir,
Et sur leurs pas la bienfaisance
Accourt à l'appel du plaisir. } *bis.*

Voyez cette foule empressée
De son appui protéger leurs efforts ;
Elle partage leur pensée,
Elle sourit à leurs accords. (*bis.*)

Ainsi, des arts plus sûrs de plaire
Le noble usage, aidant l'homme abattu,
Fait du théâtre un sanctuaire, } *bis.*
Et du plaisir une vertu.

Quels sont ces modernes Orphées
Dont les doux sons, les célestes accens,
Rappellent du siècle des fées
Tous les prodiges ravissans? (*bis.*)
Euterpe attentive, étonnée,
Cède au plaisir qui fait battre son cœur,
Et Philomèle détrônée } *bis.*
S'envole et nomme son vainqueur [1].

De Terpsicore aimable élite,
Vous qui, du pauvre entendant les soupirs,
Pour arriver encor plus vite,
Vîntes sur l'aile des zéphirs, (*bis.*)
D'une égale reconnaissance
Venez aussi recevoir les tributs :
Les pas qu'on fait pour l'indigence, } *bis.*
Jamais, jamais ne sont perdus.

1 M. Tulou.

L'HOMME DU BON VIEUX TEMS.

AIR : Boira qui voudra, larirette.

Comme aujourd'hui tout diffère
De c' que l'on voyait d' mon tems !
La France a changé de sphère,
De mœurs, de goûts, d'habitans,
Et null' part je ne vois plus faire
Ce qu'on f'sait quand j'avais vingt ans :
C' n'est plus c'te gaîté,
C'te légèreté,
C' je n' sais quoi
Qu' malgré moi
Je regrette...
Qui donc m'apprendra, } *bis.*
Larirette, } *bis.*
Quand ça reviendra, } *bis.*
Larira ? } *bis.*

Aujourd'hui la politique
Boul'verse tous les esprits :
Du salon à la boutique
Et du village à Paris,
On juge, on réforme, on critique...
Chacun veut êtr' roi d' son pays.
Le Français d'aut'fois
Soumis aux lois
S' bornait à
Régir sa
Maisonnette...
Qui donc m'apprendra,
Larirette,
Quand ça reviendra,
Larira? } *bis*.

Aujourd'hui nos jeunes têtes,
Du collége à pein' sortant,
Ont déjà des airs d' conquêtes,
Et s'en vont partout chantant
Les victim's qu' leur mérite a faites
A son d' trompe et tambour battant.
Aut' fois l'amoureux
Le plus heureux
F'sait sa cour
Sans tambour

Ni trompette...
Qui donc m'apprendra,
Larirette,
Quand ça reviendra,
Larira? } *bis.*

Aujourd'hui nos demoiselles
Au teint d' rose, au doux minois,
Dévoilent, pour êtr' plus belles
Et pour doubler leurs exploits,
Des trésors que l'hymen chez elles
Eût dû voir pour la premièr' fois.
Aut'fois ça s' cachait
Et ça s' cherchait
Sous l' linon
Clair ou non
D' la coll'rette...
Qui donc m'apprendra,
Larirette,
Quand ça reviendra,
Larira? } *bis.*

Aujourd'hui c'est l'étiquette
Qui préside chez Comus :
Sans faim, on prend la fourchette,
Sans soif, on chante Bacchus;
Puis, pour prolonger la goguette,

Une aut' table attend vos écus.
Aut'fois, ventregué,
L' souper plus gai
F'sait, dit-on,
Du salon
Un' guinguette...
Qui donc m'apprendra,
Larirette,
Quand ça reviendra,
Larira? } *bis.*

Aujourd'hui la comédie,
Pâle et triste en ses portraits,
Par trop d' bon ton engourdie,
Du drame a pris tous les traits;
Et sur la scène abâtardie
Plus d'Avares, plus d' Turcarets...
Thalie autrefois
F'sait rir' les rois,
L'artisan,
L' paysan,
La grisette...
Qui donc m'apprendra,
Larirette,
Quand ça reviendra,
Larira? } *bis.*

Aujourd'hui, dès qu'on s'éveille,
Que lit-on dans son journal?
Qu' la fièvr' jaune est à Marseille,
Qu' la peste est en Portugal,
Qu'un Anglais s'est pendu la veille,
Qu'un Prussien s'est j'té dans l' canal.
Aut'fois tours malins,
Contes badins,
Variaient,
Égayaient
La gazette...
Qui donc m'apprendra, } *bis.*
Larirette,
Quand ça reviendra,
Larira?

Aujourd'hui du tems qui m' glace
J' subis l'arrêt inhumain :
J' vois d'un' bell', sans qu' ça m'agace,
L' pied mignon, la blanche main;
Et si j'en poursuis un' qui passe,
Essoufflé, je reste en chemin.
Aut'fois vrai lutin,
Soir et matin
J'attaquais,
Je croquais,

Chaq' poulette...
Qui donc m'apprendra,
Larirette,
Quand ça reviendra,
Larira? } *bis*.

COUPLETS IMPROMPTU

CHANTÉS SUR LE THÉATRE DE LA PORTE-SAINT-MARTIN,
A UNE REPRÉSENTATION DONNÉE AU BÉNÉFICE
D'UNE FAMILLE INDIGENTE.

AIR : A soixante ans on ne doit pas remettre.

Aux cris plaintifs de l'honnête indigence,
Que j'aime à voir ces enfans d'Apollon,
Le luth en main, pour calmer sa souffrance,
Des chastes sœurs déserter le vallon! (*bis.*)
Dignes rivaux du chantre de la Thrace,
Leurs doux accords, par un charme vainqueur, (*bis.*)
N'attirent pas les rochers sur leur trace,
Mais, plus heureux, ils font fuir le malheur. } *bis.*

A leurs côtés, ah! contemplons encore
Ce jeune essaim de nymphes, de zéphirs!

Du sein des ris, des jeux de Terpsychore,
Ils ont du pauvre entendu les soupirs : (*bis.*)
« Qu'un même élan, disent-ils, nous rallie ;
« Et souriant à nos efforts rivaux, (*bis.*)
« Que sur nos pas, ce soir, de la folie
« La bienfaisance agite les grelots! » } *bis.*

Vous dont le cœur au cri de l'infortune
A répondu par un si noble effort ;
Vous que jamais le malheur n'importune,
De vos bienfaits, ah! jouissez encor. (*bis.*)
Par vous l'effroi fait place à l'espérance,
Le besoin fuit par vos mains repoussé : (*bis.*)
L'or qui produit amour, reconnaissance,
Dans tous les tems est de l'or bien placé. } *bis.*

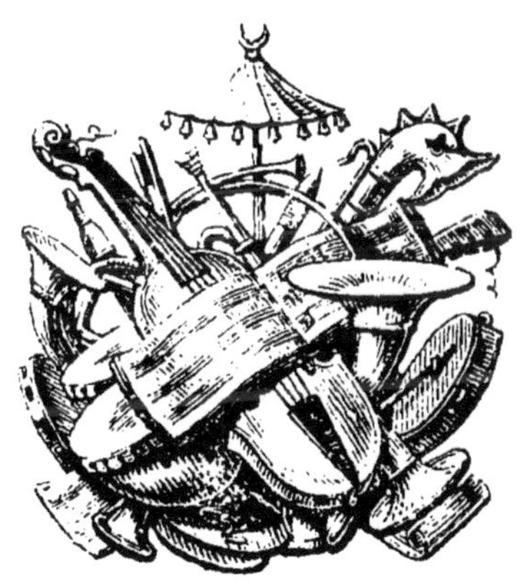

A MON AMI GENTIL.

COUPLETS CHANTÉS LE JOUR OU IL A ÉTÉ REÇU CHEVALIER DE L'ORDRE ROYAL DE LA LÉGION-D'HONNEUR.

Air du Verre.

Unis par la tendre amitié
Qui l'un vers l'autre nous entraîne,
Tout entre nous est de moitié,
Chutes, succès, plaisirs ou peines ;
Et dans ce jour cher à ton cœur,
Comme toi, le ciel me seconde... :
Car t'accorder la croix d'honneur, } *bis.*
C'est m'en donner une seconde. }

Quand de la bonté de Louis
Le premier, je reçus ce gage,
Que n'ai-je pu, doublant son prix,
T'en offrir le juste partage !

On semblait frauder mon ami,
La fraude pourtant m'était chère;
Et mon cœur sous le bon Henri
Battait de joie et de colère. } *bis.*

Je n'ai plus rien à désirer,
Le même serment nous attache;
Comme moi, tu viens de jurer
Dévoûment au drapeau sans tache.
Désormais doublement unis,
Bénissons le meilleur des pères...
Nous n'étions encore qu'amis,
Louis vient de nous rendre frères. } *bis.*

IL FALLAIT QU' ÇA FINIT PAR LA.

HISTOIRE VÉRITABLE.

AIR : Ça n' pouvait pas finir par là.

A Nancy Ménestrel aimable
Trouva jouvencelle adorable;
Premier regard les rapprocha,
Tendre soupir les attacha,
Et la douce (*bis*) espérance
Suivit l'accointance :
Il fallait qu' ça finît par là,
Puisque ça commençait comm' ça. (*bis.*)

Aux jeux brillans où Polymnie
Prête ses accords à Thalie,
Le troubadour par ses accens
De sa mie enflamma les sens,

Et la douce (*bis*) romance
Soumit l'innocence :
Il fallait qu' ça finît par là,
Puisque ça commençait comm' ça. (*bis.*)

L'Amour, toujours jaloux de faire
Quelque niche à l'Hymen, son frère,
Pour mettre à profit les instans
Ayant soudain pris les devants,
Une douce (*bis*) caresse
Comble leur ivresse :
Il fallait qu' ça finît par là,
Puisque ça commençait comm' ça. (*bis.*)

De l'Amour la forge s'allume,
Et de son marteau sur l'enclume
Il va si bien frappant qu'un jour,
D'Adèle et de son troubadour
Une douce (*bis*) naissance
Double l'existence :
Il fallait qu' ça finît par là,
Puisque ça commençait comm' ça. (*bis.*)

Mais comme on refait, d'ordinaire,
Ce qu'on eut du plaisir à faire,
Le couple heureux de son succès

Recommença sur nouveaux frais,
   Et la douce (*bis*) *Clémence*
   Fut leur récompense :
Il fallait qu' ça finît par là,
Puisque ça commençait comm' ça. (*bis.*)

Le travail, loin d'abattre Adèle,
Semblait la rendre encor plus belle ;
Ensuite *Eugène* vit le jour,
Ensuite *Amédée* eut son tour ;
   Oh ! la douce (*bis*) abondance !
   Mais, en conscience,
Il fallait qu' ça finît par là,
Puisque ça commençait comm' ça. (*bis.*)

Mais comme on peut (c'est mon système),
Aller jusqu'à cinq lorsqu'on aime,
L'autre jour, tendre rejeton,
De rose cinquième bouton,
   Oh ! la douce (*bis*) journée !
   Amélie est née !
Il fallait qu' ça finît par là,
Puisque ça commençait comm' ça. (*bis.*)

Diable ! dit le dieu d'hyménée,
C'est, je crois, la sixième année

Que mon cadet brave mes lois :
Je veux, je veux que cette fois
   Une douce (*bis*) vengeance
   Lave mon offense.
Il fallait qu'ça finît par là,
Puisque ça commençait comm 'ça. (*bis.*)

Aussitôt chez le couple il vole :
L'Amour, dit-il, est trop frivole ;
Cet enfant n'a ni foi ni loi,
Vous serez plus heureux chez moi ;
   Et sa douce (*bis*) parole
   Soudain les engeole :
Il fallait qu' ça finît par là,
Puisque ça commençait comm' ça. (*bis.*)

L'Amour répond : Je sais ma faute,
Mais des rangs crois-tu que je m'ôte ?
Eh bien ! pour la première fois,
Confondons, dit l'Hymen, nos droits ;
   Et la douce (*bis*) constance
   Signa l'alliance :
Il fallait qu' ça finît par là,
Puisque ça commençait comm' ça. (*bis.*)

LE MENUISIER SIMON,

OU

LA RAGE DE SORTIR LE DIMANCHE.

Air de la Catacoua.

Allons, Suzon, je t'nons dimanche,
Ouvre tes yeux et tes rideaux;
Quand j'ons six grands jours scié la planche,
Tu sais qu' j'ai d' la maison plein l' dos.
Il faut que j' sortions d'un' barrière...
Débarbouill' vite ton garçon...;
Passe l' jupon,
Moi, l' pantalon,
Et, zon, zon, zon,
En avant, ma Suzon,
J'gob'rons moins de m'ringu's que d'poussière;
Mais je n' s'rons point z'à la maison.

Où c'que j'irons? que tu vas m' dire ;
C'est aujourd'hui foire à Pantin,
Courons-y vite, que j' respire
L' parfum z'embaumé du matin...
Seul'ment n' mets pas tes plus bell's hardes,
Car ce nuage au-d'ssus d' Charenton
N' promet rien d' bon :
Tant pis... Quoi donc?
Et, zon, zon, zon,
J' sais c' que c'est qu'un bouillon...
J'allons être inondés d' hall'bardes...;
Mais je n' s'rons point z'à la maison.

L'enfant sur l' bras, la femm' sous l'autre,
V'là Simon parti pour Pantin :
Arrivés là, le marmot s' vautre
Sur l' gazon près d'un gros mâtin...
En aboyant, Dragon l' regarde,
Puis mord la jambe au p'tit garçon.
L' pèr' frapp' Dragon,
L' maîtr' frapp' Simon,
Et, zon, zon, zon...
D' coups d' pieds en coups d' bâton :
V'là l' menuisier au corps de garde...;
Mais il n'est point z'à la maison.

Pour queuq' sous l'affaire s'arrange;
Les v'là contens, quand par malheur,
Suzon qu'est fraîche comme un ange,
Rencontre en ch'min un amateur...
L' menuisier tomb' sans crier gare
Sur l' casaquin du Céladon...,
L'appell' cochon...,
L'autr' cornichon...;
Et, zon, zon, zon,
De raison en raison,
Il r'cule et le v'là dans un' marre...;
Mais il n'est point z'à la maison.

Sorti d' là, fait comme on peut croire,
Au soleil il va pour s' sécher...
Et v'là qu' tous les malins d' la foire
L'i d'mand'nt où c'qu'on vient de l'pêcher...
Il s' sauv' sur des sacs à farine,
R'bondit sur des sacs à charbon...
Et d' bond en bond,
Tomb' dans un fond
Où, zon, zon, zon,
Heurté par un buisson,
Il roul' dans un fagot d'épine;
Mais il n'est point z'à la maison.

Comme on n' vit ni d'air ni d' taloches,
Ils entrent dîner chez Le Noir...
Mais n' sachant pas l'état d' ses poches,
Quand vient l' quart d'heure du comptoir,
Pas seul'ment d' quoi payer l'om'lette,
Et l' traiteur n'entend pas raison...
    Paie ou sinon
    Gar' la prison,
    Et, zon, zon, zon,
  V'là, pour comble d' guignon,
Simon au violon d' la Villette...;
Mais il n'est point z'à la maison.

Sa femme maudissant l' dimanche,
Court trouver l' maire qui n'y est pas...;
Près d' son jeun' commis ell' s' démanche,
Pouss' des soupirs, lâch' des hélas!...
Rien qu'all' n' fass' pour qu' son homm' soit libre,
Le jeun' commis ne dit pas non...
    Faible Suzon!
    Pauvre Simon!
    Et, zon, zon, zon,
  Le v'là hors de prison...:
Sa femme à perdu l'équilibre...,
Mais il n'est point z'à la maison.

Enfin s' promettant bien sa r'vanche,
Il rentre; mais malgré les rieurs,
Pas d' danger qu'il dis' que l' dimanche
On peut êtr' chez soi mieux qu'ailleurs...
Aux anges de sa p'tit' prom'nade
Dans la marre et dans la prison,
Gai comm' pinson,
S' moquant d' la leçon,
Et, zon, zon, zon,
Il dit à sa Suzon...
J' rentrons battu, blessé, malade;
Mais j' s'rais p' t'êtr' mort z'à la maison.

AU DIABLE LA RAISON.

COUPLETS IMPROVISÉS CHEZ MON AMI LAUGIER, A VILLEJUIF.

AIR : Zig zag don don.

Nous réinstallons aujourd'hui
Cette aimable campagne ;
Fuis, triste hiver, et que l'ennui
Loin d'ici t'accompagne !
Avec mai, ce mois si doux,
Villejuif renaît pour nous.
Amour, gaîté, saillie,
Le printems est votre saison ;
Cédons à la folie,
Au diable la raison !

Les champs d'épis vont se couvrir,
Le bourgeon va paraître ;

La rose commence à s'ouvrir,
Le vieillard à renaître ;
L'oiseau chante son refrain,
Laugier nous verse son vin...
Amour, gaîté, saillie,
Le printems est votre saison ;
Cédons à la folie,
Au diable la raison !

Amis, en ce jour des plus beaux,
Dépouillons l'humeur noire,
Dépouillons lapins et perdreaux,
Dépouillons cave, armoire,
Dépouillons lilas, rosier...
Dépouillons tout chez Laugier.
Amour, gaîté, folie,
Le printemps est votre saison ;
Cédons à la folie,
Au diable la raison !

De Paris chez Laugier, combien
De coups d'œil faits pour plaire !
C'est *Sainte-Pélagie*, ou bien,
C'est la *Salpêtrière!*
Puis, plus haut montez tout droit,
C'est *Bicêtre* que l'on voit...

Amour, gaîté, saillie,
Le printems est votre saison;
Cédons à la folie,
Au diable la raison !

Ressuscitez, jeux innocens,
Hochets de tous les âges,
Champêtres et gais passetems
Des fous comme des sages.
Belles, venez, n'importe où,
Avec nous faire joujou.
Amour, gaîté, saillie,
Le printems est votre saison;
Cédons à la folie,
Au diable la raison!

Le champ des jeux nous est ouvert,
Et j'en vois plus de douze :
Découvre-toi, grand tapis vert,
Où le plus fin se blouse...
Ou, si le tir vous plaît mieux,
L'arquebuse est sous vos yeux.
Amour, gaîté, saillie,
Le printems est votre saison;
Cédons à la folie,
Au diable la raison!

L'escarpolette, un peu plus loin,
Qu'un bras nerveux manie,
Peut vous amuser au besoin,
Tendrons, dont la manie
Est d'être poussés souvent
Par derrière et par devant...
Amour, gaîté, saillie,
Le printems est votre saison ;
Cédons à la folie,
Au diable la raison !

Mais à quoi bon de tant de jeux
Le brillant assemblage ?
Un charme plus voluptueux
Pare cet ermitage :
Des membres de ce festin
Lolotte est le boute-en-train.
Amour, gaîté, saillie,
Le printems est votre saison ;
Cédons à la folie,
Au diable la raison !

Où trouver meilleur déjeûner,
Plus belle compagnie ?

Où trouver plus ample dîner,
Et cave mieux garnie?
Quel qu'en soit le résultat,
Ma seringue est en état.
Amour, gaîté, saillie,
Le printems est votre saison;
Cédons à la folie,
Au diable la raison!

Permets, toi, de tous les Laugiers
Le digne et joyeux père,
Qu'en ton nom l'ami Désaugiers
Vide vingt fois son verre.
A toi je bois ce doux jus,
Sias dé Grasse, iou dé Fréjus.
Amour, gaîté, saillie,
Le printems est votre saison;
Cédons à la folie,
Au diable la raison!

Buvons au printems renaissant
Buvons à la verdure;
Buvons au zéphir caressant,
Au ruisseau qui murmure;

Buvons aux tendres agneaux,
Enfin, buvons... aux oiseaux.
Amour, gaîté, saillie,
Le printems est votre saison;
Cédons à la folie,
Au diable la raison!

LE NOUVEAU DÉMOCRITE.

Air : Tout le long de la rivière.

Gai Démocrite, qui vécus
Cent neuf ans et peut-être plus,
Si la céleste Providence
Eût prolongé ton existence
Jusqu'à mon siècle si brillant
En vertu, savoir et talent...,
Mons Héraclite en bas aurait beau dire,
Que d'occasions n'aurais-tu pas de rire!
Que d'occasions, hélas! de rire!

Mais tu n'es plus: permets-moi donc
D'être Démocrite second.
Je prends, je braque ma lorgnette...
Que vois-je? une fille poète
Qui parle amour comme un roman,
Ou comme ferait sa maman...

Mons Héraclite aura beau faire et dire,
Le moyen, ma foi, de voir cela sans rire!
Le moyen de voir cela sans rire!

Et ce savant expéditif
Dont le procédé lucratif
Enseigne les hautes sciences
En deux, trois ou quatre séances,
Moyennant vingt francs par leçon,
Payés d'avance et pour raison...
Mons Héraclite aura beau faire et dire,
Le moyen, ma foi, de voir cela sans rire!
Le moyen de voir cela sans rire!

Et ce compositeur en *i*
(Ce n'est Grétri ni Monsigni),
Qui par un orchestre à cymbale,
Trompette, trombonne et timbale,
Ravissant les *dilettanti*,
Nous assourdit *tutti quanti*...
Mons Héraclite aura beau faire et dire,
Le moyen, ma foi, de voir cela sans rire!
Le moyen de voir cela sans rire!

Et cet architecte charmant
Qui bâtit par enchantement
Une maison, dont la durée

Pour plus d'un siècle est assurée
Et dont le premier coup de vent
Fait du derrière le devant...
Mons Héraclite aura beau faire et dire,
Le moyen, ma foi, de voir cela sans rire!
Le moyen de voir cela sans rire!

Et cette reine de comptoir
Dont le trône, armé d'un boutoir,
Présente aux regards du profane
Une nouvelle Roxelane
Nous écrasant de ses dédains,
Entre une hure et deux boudins...
Mons Héraclite aura beau faire et dire,
Le moyen, ma foi, de voir cela sans rire!
Le moyen de voir cela sans rire!

Et cet éditeur curieux
Dont le procédé précieux
Tendant à nous rendre tous myopes
Par l'usage des mycroscopes,
Met Voltaire et Rousseau complets
Dans nos deux poches de gilets...
Mons Héraclite aura beau faire et dire,
Le moyen, ma foi, de voir cela sans rire!
Le moyen de voir cela sans rire!

Et ces acquéreurs de jardins
Transformant, dans leurs goûts badins,
Nos kiosques en maisons fort chères,
Nos grottes en portes cochères,
Nos labyrinthes en balcons,
Nos pelouses en paillassons...
Mons Héraclite aura beau faire et dire,
Le moyen, ma foi, de voir cela sans rire!
Le moyen de voir cela sans rire!

Et la sangsue en plein débit,
Et l'*acupuncture* en crédit,
Et les succès que l'or achète,
Et le pouvoir de la fourchette,
Et les effets du trois pour cent,
Qui descend, monte et redescend...
Mons Héraclite aura beau faire et dire,
Le moyen, ma foi, de voir cela sans rire!
Le moyen de voir cela sans rire!

Mais je m'arrête, car vraiment
Ma lorgnette à chaque moment
Présente à mes pinceaux critiques
Tant d'hommes et d'objets comiques,
Qu'en riant, je craindrais de voir
Des larmes tremper mon mouchoir...

Et pour l'honneur de mon malin délire,
Je ne voudrais pas pleurer même de rire!
Je ne voudrais pas pleurer de rire!

ÉPITRE

A M. LE DUC DE BR.....,

QUI AVAIT INVITÉ L'AUTEUR A UN DÎNER DE FAMILLE.

Pardon pour le passé, pardon pour l'avenir :
Voilà ce que je sollicite
De l'hôte aimable qui m'invite,
Et me cause à la fois regret et repentir.
D'un déjeûner charmant j'ai gardé la mémoire,
Et depuis ce jour-là, je dis chaque matin :
Ce n'est tout que chanter, rire, manger et boire,
Il faut aller voir le voisin.
Mais un contretems me chagrine :
Trop tôt il dort, trop tard il dîne.
Le jour passe, et le lendemain,
Même obstacle, même refrain.
Mais bientôt de l'espoir à mes yeux l'éclair brille...
Le voisin me propose un dîner de famille :

Je vais donc corriger, exempt de tout devoir,
Les ennuis du matin, par les plaisirs du soir.
C'est le trois de juillet qu'on chômera sa fête :
Un dimanche survient avant ce jour chéri ;
Et voilà pour Issi, Vitri, Choisi, Passi,
Et tant d'autres pays en *i*
Tout Paris qui bat en retraite.
Moi, qui préfère aux *i* les finales en *on*,
Je m'embarque et pars pour Meudon.

Bois charmans, riantes allées,
Bosquets mystérieux, séduisantes vallées,
Vertes collines, gai hameau,
Pour qui Laure et Pétrarque auraient quitté Vaucluse,
Quels doux chants vous eussiez inspirés à ma muse... ,
S'il avait fait un tems plus beau !
Mais, hélas ! à peine j'essuie
Mon front brûlé par les feux du midi,
Que, sur ces bords heureux, par des torrens de pluie,
Nouveau Noé, je me vois accueilli,
Mais sans arche et sans parapluie.
O rage ! ô supplice ! ô douleur !
Vainement j'appelle à mon aide...
L'incarnat sur mon teint fait place à la pâleur ;
Je frissonne, et bientôt succède
A ma sueur brûlante une froide sueur.

De nos projets voilà comme le ciel se joue !
Me dis-je, près de sanglotter :
Je venais à Meudon pour boire et pour chanter,
Je ne bois pas, et je m'enroue !
Je ne bois pas ! j'ai tort : mon maudit médecin
M'a prescrit un breuvage, à ce qu'il dit, très sain,
Mais inconnu chez la Folie,
Chez l'Amitié qui me convie ;
Breuvage qui, dans aucun cas,
Ne fut versé chez le duc de Br.....
Voudrait-il, à la table où la gaîté s'exhale
En mots joyeux redits par maint écho,
Me voir jouer le rôle de Sancho,
Ou subir le sort de Tantale ?
Non, à moins d'y marcher traîné par un licou,
Je n'irai pas troubler une joie aussi vive :
Un convive pris par le cou
Est un assez mauvais convive.

TIN, TIN, TIN, TIN, TIN, TIN.

OU LE REVEIL-MATIN.

AIR : Tin, tin, tin, tin, tin, tin.

Tin, tin, tin, tin, tin, tin,
Pour les enfans d'la Victoire,
Du plaisir et d' la gloire
Est le réveil-matin.

Qui rend aimable et gai
L'ami du jus d' la treille?
Qui console et réveille
Le vieillard fatigué?
A la fin d'un festin
Qui dérid' le plus sage,
Soumet la plus sauvage,
Apais' le plus mutin?

Tin, tin, tin, tin, tin, tin,
D' la ville ainsi qu' du village,
Tin, tin, tin, tin, tin, tin
Est le réveil-matin.

Qui donne du crédit?
Qui donne d' la confiance?
Qui donne d' la puissance?
Qui donne de l'esprit?
Qui rafraîchit le teint
D' nos antiques d'moiselles?
Qui rallum' chez quelqu' belles
L' feu d'un amour éteint?

(*Geste de compter de l'argent*).

Tin, tin, tin, tin, tin, tin,
Des vieux, des sots, d's infidèles,
Tin, tin, tin, tin, tin, tin
Est le réveil-matin.

Qui, sur l' battant muet
D' la docile sonnette,
A minuit d' la fillette
Fixe l'œil inquiet?
Qui d' l'amoureux lutin,
L'i annonçant la visite,

Lui fait ouvrir bien vite
Le verrou clandestin?

(*Geste de sonner à une porte*).

Tin, tin, tin, tin, tin, tin,
Du jeune cœur qui palpite,
Tin, tin, tin, tin, tin, tin
Est le réveil-matin.

Qui satisfait encor
Les oreill's à la ronde?
Qui réjouit tout l' monde,
Qui met tout l' mond' d'accord?
C'est, à l'heur' du festin,
Des cass'rol's, des assiettes,
Des cuillers, des fourchettes,
Tant d'argent que d'étain,

(*Bruit de vaisselle*).

L' tin, tin, tin, tin, tin, tin.
D' l'ami joyeux des goguettes,
L' tin, tin, tin, tin, tin, tin
Est le réveil-matin.

Qui réchauff' les soldats
Le jour d'une bataille?

Qui leur fait d' la mitraille
Affronter les éclats?
Qui d'un succès certain
Leur présage les charmes?
Qui fait du bruit d' leurs armes
R'tentir l'écho lointain?
Tin, tin, tin, tin, tin, tin,
Pour les enfans d' la Victoire,
Du plaisir et d' la gloire
Est le réveil-matin.

A MA FEMME,

LE PREMIER JOUR DE L'AN. (1807.)

AIR : Au sein d'une fleur tour à tour.

Toi, dont l'image à chaque instant
Par le plaisir m'est retracée,
Tu dois, le premier jour de l'an,
Avoir ma première pensée.
Ce jour charmant dans tout Paris
Semble ranimer la folie...
Mais le premier où je te vis,
Voilà le plus beau de ma vie.

Lorsque chacun forme des vœux,
Que te désirer, ma Sophie ?
Vois-moi toujours des mêmes yeux,
Sois toujours fidèle et jolie.

Donne à ton ami quelquefois,
Pour doubler l'ardeur qui l'agite,
Tendre regard quand tu me vois,
Doux souvenir quand je te quitte.

Entre nous, une seule fois
Je vis s'élever un nuage :
Mais bientôt, reprenant ses droits,
L'amour dissipa cet orage.
Ah! par malheur s'il faut jamais
Que la guerre se renouvelle,
Pour vite ramener la paix,
Courons vite embrasser Estelle.

Combien de fois sur notre cœur
Nous presserons ce tendre gage!
Estelle a doublé mon bonheur,
Puisqu'elle a doublé ton image.
Au Dieu qui daigna la former
Je ne fais plus qu'une prière :
C'est qu'elle ait mon cœur pour t'aimer,
Qu'elle ait tes charmes pour me plaire.

LA MÈRE BAHU ET LA MÈRE GANGAN

OU

LES VOISINES DE VILLAGE,

CHANSON DIALOGUÉE.

AIR : Dérouillons, dérouillons, ma commère.

LA MÈRE BAHU, *entrant chez la mère Gangan.*

Excusez, voisine Claire...
J' n'ai plus d' bois dans mon gal'tas;
L' vent vient d' souffler ma lumière,
Et j' viens, comm' la s'main' dernière,
Prés d' vous, si ça n' vous dérang' pas,
Ravauder (*bis*), ma commère,
Ravauder (*bis*) mes vieux bas.

LA MÈRE GANGAN, *se levant appuyée sur sa béquille.*

V'là, ma fine, une heure entière
Que j' bâille et qu' j'étends les bras...
Seule, j' n'ai cœur à rien faire;
Le silence m' désespère;
Mais puisq' vous v'là, plus d'embarras...
Ravaudons (*bis*), ma commère,
Ravaudons (*bis*) nos vieux bas.

(*Elles s'asseyent et la mère Bahu soupire.*)

Vous soupirez?

LA MÈRE BAHU, *mettant ses lunettes.*

Oui, ma chère,
En songeant qu' jadis, hélas!
Le matin sur la fougère
Nous cueillions la fleur légère,
Et que le soir nous n' disions pas :
Ravaudons (*bis*), ma commère,
Ravaudons (*bis*) nos vieux bas.

LA MÈRE GANGAN, *mettant ses lunettes.*

Un' chaussure moins grossière
Pressait nos pieds délicats;

Un bas blanc qu' nous n' cachions guère
Dessinait un' jambe... à faire
Sécher d'amour... Pauv' Nicolas!

(*Elle soupire à son tour.*)

Ravaudons (*bis*), ma commère,
Ravaudons (*bis*) nos vieux bas.

LA MÈRE BAHU, *tirant son étui.*

J' vois encore l'onde claire
Où je baignais mes appas,
Lorsqu'un soir le p'tit Hilaire
A c't heur' goutteux et grand-père...,
Mais qui dans c' temps-là n' l'était pas...

(*Elle soupire et enfile son aiguille.*)

Ravaudons (*bis*), ma commère,
Ravaudons (*bis*) nos vieux bas.

LA MÈRE GANGAN, *attisant le feu de sa chaufferette.*

L' jour d' ma noce, moi, j' vois Pierre
S'en v'nir, vers la fin du r'pas,
En s'cret délier ma jarr'tière,
Qu' j'avais eu soin, pour lui plaire,
De ne pas attacher... trop bas...

(*Autre soupir.*)

Ravaudons (*bis*), ma commère,
Ravaudons (*bis*) nos vieux bas.

LA MÈRE BAHU, *tirant son mouchoir.*

N'est-c' pas d'main que monsieur l' maire,
Par des motifs qu'on n' dit pas,
Doit nommer Claudin' rosière?...
En cinquant'-neuf, à Nanterre,
Ça n' m'eût pas manqué, si Lucas...
(*Elle va pour se moucher et s'essuie une larme.*)
Ravaudons (*bis*), ma commère,
Ravaudons (*bis*) nos vieux bas.

LA MÈRE GANGAN, *avec l'expression des regrets et de l'amour-propre.*

C'est pourtant ben dur, ma chère,
D'avoir eu quelques appas
Et d' moisir dans un' chaumière...
J' réponds qu' si c'était à r'faire...

LA MÈRE BAHU, *ôtant ses lunettes.*

Et moi donc...

LA MÈRE GANGAN.

D'main nous n' dirions pas :

Ravaudons (*bis*), ma commère,
Ravaudons (*bis*) nos vieux bas.

LA MÈRE BAHU, *avec humeur.*

Sans êtr' des langues d' vipères,
Que d' bell' dames n' voit-on pas
D' leurs carosses toutes fières,
Dont jadis, comm' nous, les mères
S' disaient à côté d' leurs grabats :
Ravaudons (*bis*), ma commère,
Ravaudons (*bis*) nos vieux bas.

LA MÈRE GANGAN, *enflant sa voix et son fichu.*

Si j'avais voulu, j'espère,
A Paris, un jour d' verglas
Qu'ayant trébuché par terre,
Un biau monsieur, secrétaire
D' l'ambassadeur des Pays-Bas...
(*Autre soupir.*)

Ravaudons (*bis*), ma commère,
Ravaudons (*bis*) nos vieux bas.

LA MÈRE BAHU, *mystérieusement.*

On dit qu' la femm' du notaire
Qui donn' de si grands galas,

A seize ans, du presbytère,
Moyennant quatr' sous la paire,
Y compris l'apprêt des rabats...
Ravaudait (*bis*), ma commère,
Ravaudait (*bis*) les vieux bas.

LA MÈRE GANGAN, *plus mystérieusement encore.*

Et madam' la marguillière,
Avec ses grands falbalas,
Là, j' vous l' demande, à quoi faire
A-t-ell' gagné sa p'tit' serre?
Fi! plutôt qu'un métier si bas...
Ravaudons (*bis*), ma commère,
Ravaudons (*bis*) nos vieux bas.

LA MÈRE BAHU, *se levant.*

Mais v'là l'heure d' la prière
Et du souper d' mes deux chats.
R'mercions le ciel d' tout, ma chère...
En songeant qu' bientôt sur terre
Nous ne nous dirons même pas :
Ravaudons (*bis*), ma commère,
Ravaudons (*bis*) nos vieux bas.

(*Elles se séparent en s'embrassant, autant que leurs nez et leurs mentons le leur permettent.*)

MA FEMME EST LA!

COUPLETS CHANTÉS PAR UN MARI A LA FÊTE DE SA FEMME.

Air : Eh! mais, oui dà.

Amis, j'aime une belle
Dont, jusques à ce jour,
La tendresse fidèle
M'a payé de retour...
Ma femme est là!
Ce n'était pas l'instant de dire ça.

Sous sa figure douce,
Oh! combien j'aime voir
Son beau sein qui repousse
La main et le mouchoir!...
Ma femme est là!
Ce n'était pas l'instant de dire ça.

Aussi blanche qu'un cygne,
Elle a sous son menton
Un joli petit signe
Rose comme un bouton...
Ma femme est là!
Ce n'était pas l'instant de dire ça.

Ma petite Normande,
A table comme au lit,
A, sans être gourmande,
Assez bon appétit...
Ma femme est là!
Ce n'était pas l'instant de dire ça.

Quoiqu'elle ait l'œil céleste,
Mon plaisir le plus grand
Est, je vous le proteste,
De n'en voir que le blanc...
Ma femme est là!
Ce n'était pas l'instant de dire ça.

Cet objet que j'adore,
Je vous le dis tout bas,
La nuit dernière encore
M'a reçu dans ses bras...
Ma femme est là!
Ce n'était pas l'instant de dire ça.

C'est aujourd'hui sa fête,
Et j'ai tout près d'ici
Ce matin fait emplette
Du peigne que voici...
Ma femme est là,
Et c'est pour elle, amis, que j'ai fait ça.

QU'ELLE SONNE! QU'ELLE SONNE!

AIR nouveau.

LE pauvre diable qu'emprisonne
Un impitoyable usurier,
Jusqu'à ce qu'il puisse payer,
N'est plaint, regretté de personne.
Mais, si d'une bourse aujourd'hui
Il reçoit le magique appui,
Qu'elle sonne! qu'elle sonne!
Cœur, prison, tout s'ouvre pour lui.

Le jeune Alain attend Simonne
A l'heure qui suivra minuit;
Son cœur palpite au moindre bruit,
Mais bientôt l'espoir l'abandonne.
Heure trop lente! il va mourir,
S'il ne l'entend pas retentir :
Qu'elle sonne! qu'elle sonne!
Il meurt bien, mais c'est de plaisir.

L'homme que Plutus abandonne
Se voit par tous abandonner,
Lorsque la cloche du dîner
Chez lui n'appelle plus personne.
Mais comme Plutus vient et va,
Chez lui quand il reparaîtra,
Qu'elle sonne! qu'elle sonne!
Combien d'amis il reverra!

Voyez les soucis qui foisonnent
Auprès du modeste artisan;
Jamais, en aucun jour de l'an,
Chez lui deux écus ne résonnent.
Mais une coupe pleine en main,
Une autre en celle du voisin,
Qu'elles sonnent! qu'elles sonnent!
Il est riche jusqu'à demain.

Je connais certaine friponne,
Prude et galante tour à tour,
Qui, dès qu'on lui parle d'amour,
Menace de sonner sa bonne.
Mais cette bonne est sourde, hélas!
Ne craignez point ces vains éclats :
Qu'elle sonne! qu'elle sonne!
Justine ne l'entendra pas.

Loin de nous, puisqu'enfin Bellone
A porté son ravage affreux,
Jouissons de l'ombrage heureux
Dont l'olivier nous environne.
Mais si la trompette aux combats
Rappelle nos vaillans soldats,
    Qu'elle sonne ! qu'elle sonne !
Déjà la gloire est sur leurs pas !

L'ARQUEBUSE.

COUPLETS IMPROMPTU CHANTÉS CHEZ LE COMTE ***
DANS UNE FÊTE DONNÉE A SA CAMPAGNE.

Air :

Quel beau jour !
La saison nouvelle
Nous rappelle
Dans ce séjour ;
Et l'Amour,
En battant de l'aile,
Applaudit à notre retour.

Sous l'ombrage caché déjà,
Le fripon médite en silence
Sur le trait qu'il faudra qu'il lance,
Et sur le cœur qu'il blessera.

Quel beau jour!
La saison nouvelle
Nous rappelle
Dans ce séjour;
Et l'Amour,
En battant de l'aile,
Applaudit à notre retour.

Après un an, lorsque des jeux
Le printems ramène l'escorte,
L'amitié n'en est que plus forte,
Et le vin n'en est que plus vieux.
Quel beau jour!
La saison nouvelle
Nous rappelle
Dans ce séjour;
Et l'Amour,
En battant de l'aile,
Applaudit à notre retour.

Mais qu'entends-je? Au son du tambour
Filles, garçons, tout se réveille,
Et ces mots frappent mon oreille:
« Chacun va tirer à son tour. »
Quel beau jour!
La saison nouvelle

Nous rappelle
Dans ce séjour ;
Et l'Amour,
En battant de l'aile,
Applaudit à notre retour.

Dans ces beaux lieux accourez tous,
Amis des plaisirs et des belles ;
Nous allons tirer devant elles,
Elles pourront juger des coups.
Quel beau jour !
La saison nouvelle
Nous rappelle
Dans ce séjour ;
Et l'Amour,
En battant de l'aile,
Applaudit à notre retour.

Quoique mon bras n'ait rien de tel,
Qu'on le redoute ou le renomme,
J'ai souvent, visant à la pomme,
Fait la barbe à Guillaume Tell.
Quel beau jour !
La saison nouvelle
Nous rappelle
Dans ce séjour ;

Et l'Amour,
En battant de l'aile,
Applaudit à notre retour.

Belles, pour votre cœur content
Ah! que ces combats ont de charmes!
Que vos mains bénissent nos armes,
Et nous partons au même instant.
Quel beau jour!
La saison nouvelle
Nous rappelle
Dans ce séjour;
Et l'Amour,
En battant de l'aile,
Applaudit à notre retour.

Tirer au blanc m'ôte l'espoir:
Cette couleur peu prononcée
Par tant de lys est effacée,
Qu'il vaudrait mieux tirer au noir.
Quel beau jour!
La saison nouvelle
Nous rappelle
Dans ce séjour;
Et l'Amour,
En battant de l'aile,
Applaudit à notre retour.

Époux, visez au même point :
Quand, prêt au plaisir qu'il convoite,
L'un tire à gauche, l'autre à droite,
Tous ces coups-là ne comptent point.
Quel beau jour !
La saison nouvelle
Nous rappelle
Dans ce séjour ;
Et l'Amour,
En battant de l'aile,
Applaudit à notre retour.

Arrêtons pour règle du jeu
Que tout amateur d'arquebuse
Ne sera dans son art que buse,
S'il ne touche pas au milieu.
Quel beau jour !
La saison nouvelle
Nous rappelle
Dans ce séjour ;
Et l'Amour,
En battant de l'aile,
Applaudit à notre retour.

Vers le tir, amis, dépêchons ;
Mais, si nous voulons tirer juste,

Avant tout il me semble juste
De viser aux tire-bouchons.
Quel beau jour!
La saison nouvelle
Nous rappelle
Dans ce séjour;
Et l'Amour,
En battant de l'aile,
Applaudit à notre retour.

De l'eau surtout, joyeux buveurs,
Evitons la fadeur extrême :
L'humide saint Médard lui-même
A pour nous suspendu ses pleurs.
Quel beau jour!
La saison nouvelle
Nous rappelle
Dans ce séjour;
Et l'Amour,
En battant de l'aile,
Applaudit à notre retour.

Chez toi par le plaisir admis,
Cher patron, que de cœurs tu comptes!
Mais aussi ce sont les bons *comtes*
Qui font, dit-on, les bons amis.

Quel beau jour !
La saison nouvelle
Nous rappelle
Dans ce séjour ;
Et l'Amour,
En battant de l'aile,
Applaudit à notre retour.

Buvons force Champagne et Rhum
A notre hôtesse bonne et belle,
Et faisons succéder pour elle
Un *Te Deam* au *Te Deum*.
Quel beau jour !
La saison nouvelle
Nous rappelle
Dans ce séjour ;
Et l'Amour,
En battant de l'aile,
Applaudit à notre retour.

PARIS,

OU LE PARADIS DE LA FRANCE [1].

AIR : *Avenue immense.*

CITÉ sans égale,
Reine sans rivale
De tous les pays,
Cette ville immense
De l'heureuse France
Est le Paradis.
Les femmes jolies
Y sont obéies
Au moindre signal;
Et l'Amour, en maître,
Y sait tout soumettre

[1] C'est une femme qui parle dans cette chanson.

A son tribunal.
La gaîté folâtre
Y règne au théâtre,
A table, aux salons;
Ses rians mensonges
Nous bercent en songes
Quand nous sommeillons.
Partout, Terpsichore
Jusques à l'aurore
Charmant nos instans,
Vient, joyeuse fée,
Ravir à Morphée
Ses droits sur nos sens.
La mode infidèle,
Sans cesse nouvelle,
Variant nos traits,
Procure à nos charmes
De secrètes armes,
De nouveaux succès.
Le luth y soupire,
La toile y respire
Et parle à nos yeux;
Le marbre y palpite,
Le bronze y récite
Les faits glorieux.
Oui, plaisir, folie,

Gloire, amour, génie,
Tout est à Paris.
Cette ville immense
De l'heureuse France
Est le Paradis.

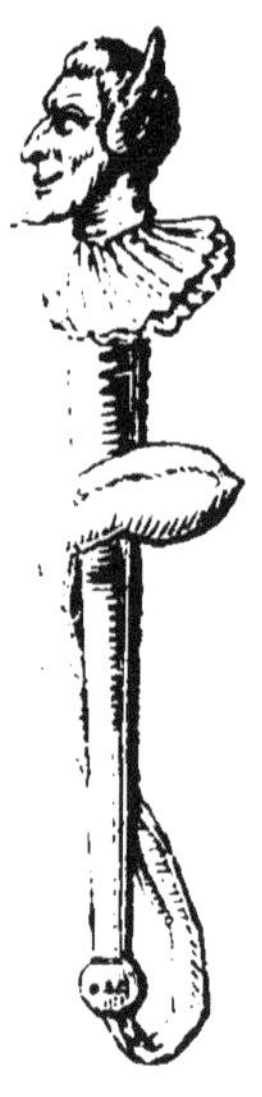

LE JOHN BULL PARISIEN.

Même air.

Paris m'a vu naître,
Et je suis un être
Assez singulier :
La même seconde
Me trouve à la ronde
Dans chaque quartier ;
De tout je m'amuse,
Je flane, je muse,
Et pour ce défaut
On me gratifie,
On me qualifie
Du nom de *badaud* ;
D'humeur curieuse
Et capricieuse
Je vois, j'entends tout ;

Et nouvelle heureuse,
Nouvelle fâcheuse,
Tout est de mon goût.
Confiant, crédule,
Un bruit qui circule
Me rend ébaubi;
On m'a vu naguères
Manquer mes affaires
Pour parler d'Albi.
Vienne un incendie,
Soudain je m'écrie ·
« Au secours! au feu!
« Sauvez le deuxième,
« Sauvez le troisième; »
Mais je bouge peu.
Quand souvent Molière,
Racine et Voltaire
Ne m'attirent pas,
Une z'irsabelle,
Un polichinelle
Arrêtent mes pas.
Mais, quoique frivole,
Ma moindre parole
Devient un arrêt;
Pas une entreprise
Qui ne soit soumise

A ce qui me plaît.
Bals, cafés, boutiques,
Jeux, fêtes publiques,
C'est à qui m'aura;
Si je me présente,
C'est vingt fois sur trente
A qui m'ennuîra.
De l'Académie,
Souvent endormie,
Je cours, comme un fou,
Aux Montagnes suisses
Me rompre les cuisses,
Me casser le cou.
Mais le jour s'écoule,
Et je cours en foule
Remplir Tivoli;
Survient une averse,
Et je me disperse...
Le jour est fini.

PLUS DE POLITIQUE.

Air de la Treille de sincérité.

Peuple français, la politique
T'a jusqu'ici trop attristé;
Rappelle ta légèreté,
Ton antique
Joyeuseté.

Souviens-toi de ce tems aimable,
Où, libre de soins importans,
Entre le boudoir et la table
Tu partageais tous tes instans; (*bis.*)
Oubliait-on alors en France
Un banquet pour un tribunal,
Un concert pour une séance,
Un billet doux pour un journal?

Peuple français, la politique
T'a jusqu'ici trop attristé ;
Rappelle ta légèreté,
Ton antique
Joyeuseté.

Tes hauts faits, ta noble vaillance
Assez long-tems ont attesté
Que ta patrie était la France ;
Atteste-le par ta gaîté !
Qu'enfin Momus de son empire
Retrouve en toi le vieil ami,
Et songe bien que ne pas rire
C'est n'être français qu'à demi...
Peuple français, la politique
T'a jusqu'ici trop attristé,
Rappelle ta légèreté,
Ton antique
Joyeuseté.

A jouir quand tout te convie,
Quand le plaisir te tend les bras,
Insensé ! tu passes ta vie
A chercher comment tu vivras !
Cesse des plaintes impuissantes ;
Pourquoi perdre en vœux superflus,

En peines toujours renaissantes,
Des jours qui ne renaîtront plus!
Peuple français, la politique
T'a jusqu'ici trop attristé;
Rappelle ta légèreté,
Ton antique
Joyeuseté.

Qu'as-tu fait de ce gai délire
Qu'enviait ton sombre voisin?
Reprends tes grelots et ta lyre,
Chante le myrte et le raisin.
Fidèle appui de la couronne,
Obéis gaîment à ses lois,
Et bois, quand vient le jus d'automne,
Au pays à qui tu le dois...
Peuple français, la politique
T'a jusqu'ici trop attristé;
Rappelle ta légèreté,
Ton antique
Joyeuseté.

Heureux, tant que tu fus frivole,
Laisse, au lieu de te tourmenter,
Au gré de Neptune et d'Éole
Le vaisseau de l'État flotter;

Et tandis qu'un pilote habile
Le défendra des coups du sort,
Contente-toi, sage et tranquille,
De mener ta barque à bon port.
Peuple français, la politique
T'a jusqu'ici trop attristé;
Rappelle ta légèreté,
Ton antique
Joyeuseté.

La beauté fidèle ou légère
Sut toujours enflammer tes sens,
Le bon vin sut toujours te plaire,
Toujours la gloire eut ton encens:
Chaque année offre à ton ivresse
Treilles, lauriers, myrthes, appas...
Sous un ciel qui te rit sans cesse,
Pourquoi donc ne rirais-tu pas?
Peuple français, la politique
T'a jusqu'ici trop attristé;
Rappelle ta légèreté,
Ton antique
Joyeuseté.

CONSEIL A UNE JOLIE FEMME.

Maudit soit de nos bals le prestige enchanteur !
Eh quoi ! charmante Églé, voilà trois nuits entières
Que le sommeil sur tes paupières
N'a versé sa douce fraîcheur !
Ménage ton printems, tu n'en auras point d'autre ;
Et consens à fermer enfin ces yeux si beaux :
Si ce n'est point pour ton repos,
Que ce soit au moins pour le nôtre.

COUPLETS

POUR LA FÊTE DE M. PICARD.

AIR : J'ai vu le Parnasse des Dames.

SUR notre ami Picard que dire
Qui n'ait pas été dit déjà?
Ses œuvres, qui nous font tant rire,
En ont plus dit qu'on n'en dira.
Sa gaîté, son esprit, son stile
Sont connus du tiers et du quart;
Pas une *petite* ou *grand' ville*
Où l'on ne connaisse Picard.

AIR : J'ai perdu mon âne.

Chacun à la ronde (*bis.*)
A sa r'nommée applaudit,
Et l'on sait comment il fit
Son *entré' dans l' monde*.

Air : Réveillez-vous.

Son talent n'est pas un problème,
Car, défiant les plus malins,
Il n' dut ses succès qu'à lui-même,
D'mandez plutôt à ses *voisins*.

Air de l'Avare.

Légitime enfant de Thalie,
Il fut baptisé par Momus,
Pour marraine il eut la Folie,
Pour père nourricier Comus.
Je n' suis ici qu' l'écho d' la France
Qui donne comme un fait certain
Qu' Thalie elle-même un beau matin
A signé son acte d' naissance.

Air :

Il eut, très jeun', le privilége
D' nous divertir et d' nous charmer;
Allez voir ses *amis d' collége*,
Ils sont là pour nous l'affirmer.
Et l'on dit que par des routes sûres,
L' voyant marcher droit aux succès,
Apollon d' ses heureux essais
Tira de bonnes *conjectures*.

Air : Je ne veux pas qu'on me prenne.

Jamais sa plume féconde
Ne réussit à demi ;
Du *cousin de tout le monde*
Tout le monde fut l'ami.
D' sa verve toujours hardie
L'essor fut toujours égal ;
Heureux qui pour le génie
Sera son *collatéral.*

Air du vaudeville de Partie carrée.

Ces *Philibert*, où tout Paris se presse
Et dont cinq ans attestent le succès,
Prouv'nt qu'à la scène avec la même adresse
Il sait traiter bons et mauvais sujets.
Mais être auteur ne fut pas sa seul' gloire :
Comme Molière, acteur, il joua bien ;
J'ai de ce fait un témoin qu'on peut croire,
C'est un *vieux comédien.*

Air : Aussitôt que la lumière.

Mais, ma foi, sur son éloge,
Moi, je ne tarirais pas...
Et l'aiguille de l'horloge
Me dit de presser le pas.

A sept heur's encore écrire !...
Je me battrais si j'osais...
Pour l' cocher qui va me conduire
Gar', morbleu, *les ricochets*.

Air d'Angélique et Melcourt.

Pardon, amis, si je viens tard,
Mais je vous f'rai l'aveu sincère
Qu'outre que j' suis *monsieur Musard*,
J'avais c'tte chansonnette à faire ;
Puis mon *voyage interrompu*
Par des rencontres qui chagrinent,
Font que l' diner m'est défendu
Quoiqu'ici les *visitans dînent*.

LA GLISSADE,

MORALITÉ.

Air :

Fillettes
Gentillettes
Qu' poursuivent l's amoureux,
Tant qu' dure
D' la froidure
Le souffle rigoureux,
En fuyant leur audace,
De crainte d'accident,
N' courez pas sur la glace,
L' danger s'rait ben plus grand,
Vraiment !

Un jour qu' la p'tite Lise
Sur la rivière prise

Se sauvait de Lucas,
Vint un faux pas;
Et patatras...
Fillettes
Gentillettes
Qu' poursuivent l's amoureux,
Tant qu' dure
D' la froidure
Le souffle rigoureux,
En fuyant leur audace,
De crainte d'accident,
N' courez pas sur la glace,
L' danger s'rait ben plus grand,
Vraiment!

Lucas rit d' la culbute,
Mais, d' la force d' la chute
La glace s' cassa;
Sans s' douter d' ça,
Lise y passa.
Fillettes
Gentillettes
Qu' poursuivent l's amoureux,
Tant qu' dure
D' la froidure
Le souffle rigoureux,

En fuyant leur audace,
De crainte d'accident,
N' courez pas sur la glace,
L' danger s'rait ben plus grand,
Vraiment!

Lucas r'tire la p'tite;
Mais l' froid l' saisit si vite
Que d' tout ce que Lis' tenta
Rien, d'puis c' moment-là,
Ne l' réchauffa.
Fillettes
Gentillettes
Qu' poursuivent l's amoureux,
Tant qu' dure
D' la froidure
Le souffle rigoureux,
En fuyant leur audace,
De crainte d'accident,
N' courez pas sur la glace,
L' danger s'rait ben plus grand,
Vraiment!

A MADAME

DESBORDES VALMORE.

STANCES.

Peintre et poète tour à tour,
Tendre et touchante Marceline,
Apollon, au nom de l'Amour,
Te prêta sa lyre divine.
Tout cède au prestige charmant
Des chants plaintifs que tu soupires,
Chantre naïf du plus doux sentiment,
Tu le peins comme tu l'inspires.

J'avais vu fuir avec douleur
Cette tendre mélancolie,
Ce vague heureux, premier bonheur
Et premier besoin de la vie.

Je pleurais ce prisme enchanté
Par qui tout plaît, tout se colore,
Mais je t'écoute, et mon cœur agité
Te doit une seconde aurore.

De l'amour les brûlans désirs
A ta voix échauffent mes veines;
Tu fais envier ses plaisirs,
Et tu fais regretter ses peines.
On voit renaître sous tes doigts
La Muse dont Lesbos s'honore,
Et chaque son de ton luth, de ta voix
Nous dit : Sapho respire encore!

LE PILIER DE CAFÉ.

AIR de la Lithographie.

A Paris, messieurs et dames,
Quel est le sort, dites-moi,
Des gens comme moi sans femmes,
Sans fortune et sans emploi?
Sur les places musarder,
Sur les quais baguenauder;
Mais on sait que ce métier,
N'enrichit que le bottier.
Moi, j'ai pris une méthode
Bien plus conforme à mon goût;
Elle est douce, elle est commode,
Economique surtout:
Il existe par milliers
Des réduits hospitaliers,
Refuges des désœuvrés
Et des marchands retirés...

J'y trouve, quand je m'ennuie,
Distraction ou sommeil;
Ils m'abritent de la pluie,
Ils m'abritent du soleil.
Mais déjà vous devinez
Quels sont ces lieux fortunés :
Eh bien, oui, depuis trente ans,
Qu'il pleuve ou fasse beau tems,
Dès sept heures, par système,
Habillé, rasé, coiffé,
Je descends de mon sixième
Et je me rends au café.
J'entre, un garçon appelé
M'apporte un pain chapelé
Qu'escorte, sur un plateau,
Une bavaroise à l'eau...
De peur qu'on ne les retienne,
Etant venu le premier,
Je saisis la Quotidienne,
Et j'arrête le Courrier;
Puis le Globe sous un bras,
Et sous l'autre les Débats,
Guettant l'heure où le porteur
Jettera le Moniteur,
Je pourchasse le Pilote,
Que j'atteins, quoique goutteux,

Et clopin-clopant, je trotte,
Après le Diable boiteux.
Eh bien! voisin, *quid novi?*
Me dit un Picard ravi
De prouver qu'à Saint-Quentin
On sait un peu son latin...
Je lui parle de la Grèce,
De l'Institut, des bouffons,
Des chiens, de la sécheresse,
Et de l'état de nos fonds,
Puis, s'il ne s'est pas servi
De tout le sucre servi,
Comme il l'a payé comptant,
Je m'adjuge le restant... :
J'en ai bien le privilége,
Nul ne peut se récrier,
Et gratis par ce manége
J'entretiens mon sucrier.
De là je grimpe au billard
Où, connu pour un gaillard
Qui les aurait battus tous,
On me fait juge des coups.
Le procès jugé, j'accepte
La bierre et les échaudés,
Car j'eus toujours pour précepte
Procédés pour procédés.

Frappé de cris indécens,
Au café je redescends,
Et j'entends de tous côtés
Les mots, *rente, indemnités*.
Au plus fort de la tempête,
Un apprenti commerçant,
Va partout criant nu-tête
Qu'on a pris son *trois pour cent* [1].
Tandis que je ris tout bas
De leurs comiques débats,
Vû que je n'ai pas l'honneur
D'être rentier, par bonheur,
Du dîner l'heure qui sonne
Calme le plus échauffé,
Et tout le monde abandonne
La querelle et le café.
Moi, je viens de manger... or,
Je puis bien attendre encor,
D'ailleurs, tout seul, je pourrai
Lire l'Etoile à mon gré...
Mais en l'attendant que faire?
Car j'ai lu tous les journaux...
Je prends, je compte, je serre
Tous les jeux de dominos.

[1] Terme dont on désignait certains chapeaux de nouvelle forme.

L'Etoile arrive, ô bonheur!
J'en suis le premier lecteur:
Les lunettes sur le né,
Aussi fier qu'un abonné,
J'ai des nouvelles précises
De ce qu'ont fait le matin
La Bourse et la Cour d'assises,
De ce qu'on joûra demain.
Mais bientôt quelle rumeur!
Nos dîneurs en belle humeur,
Au feux du gaz allumé
Rentrent le teint enflammé;
Sur les bancs ils se dispersent,
Ils apportent du nouveau;
Tandis que les garçons versent,
Je m'approche incognito...
Assis derrière un banquier,
Assis derrière un courtier,
Assis derrière un auteur,
J'en sais de toute couleur.
Combien me rendrait de grâces
Le café, si je pouvais
Prendre autant de demi-tasses
Que je prends de tabourets!
Au coup d'onze heures sonnant,
Des spectacles revenant,

Vingt ou trente habitués,
De chaleur exténués,
Nous apprennent, des coulisses
Impertinens détracteurs,
Les faiblesses des actrices,
La faiblesse des acteurs.
Mais la dame du comptoir
Prend le chemin du dortoir :
Avis à chaque assistant
D'en vouloir bien faire autant.
Enfin le café se vide... ;
Mais quoique entré le premier,
D'observer toujours avide,
Je n'en sors que le dernier.
Et même le plus souvent,
Il se fait qu'en observant
Je m'assoupis à l'écart...
Et c'est assez heureux, car
Ignorant que je sommeille,
On ferme, et journal en main,
Je me trouve dès la veille
Porté pour le lendemain.

LE SECRÉTAIRE.

Air de la Baronne.

Un secrétaire
Dans un ménage est d'un grand prix,
Et les femmes, pour l'ordinaire,
Voudraient voir à tous leurs maris
Un secrétaire.

Le secrétaire
Sert à Plutus comme à l'Amour;
Heureux ceux dont avec mystère
Ces dieux garnissent tour à tour
Le secrétaire.

Sans secrétaire
L'esprit ne servirait à rien;
C'est un meuble si nécessaire

Que je ne voudrais pour tout bien
Qu'un secrétaire.

Au secrétaire
Les arts donnent un prix nouveau,
Et les chefs-d'œuvre de Voltaire
N'ont-ils pas eu tous pour berceau
Un secrétaire?

D'un secrétaire
Tout homme en place fait grand cas;
Et tel que l'on vante en affaire
Serait bien sot, s'il n'avait pas
Un secrétaire.

COUPLETS

CHANTÉS CHEZ L'AUTEUR DE L'*ASSEMBLÉE DE FAMILLE*,
DANS UNE FÊTE QU'IL DONNA AUX ARTISTES
DU THÉATRE-FRANÇAIS.

Air de l'Avare.

Tous les favoris de Thalie
Et la beauté dans sa splendeur,
De l'amitié, de la folie
T'offrent le spectacle enchanteur.
Au plaisir qui dans nos yeux brille
Tu dois deviner qu'en ce jour
Tu rassembles une *famille*
Qui veut te chanter à son tour.

A la couronne qui t'ombrage
Quand je viens mêler quelques fleurs,
Dis-moi qui traça ton ouvrage,
De ton esprit ou de ton cœur!

Sur toi les critiques farouches
Exerceraient en vain leurs droits;
Tu sus fermer toutes les bouches
Et réunir toutes les voix.

Jouis du sort qui te seconde;
Ce n'était pas assez encor
Que le Pactole de son onde
Sur toi répandît ses flots d'or:
L'Hyppocrène aussi de sa source
T'entr'ouvre les trésors cachés;
Jamais le Parnasse et la Bourse
Ne s'étaient vus si rapprochés.

De ce succès rempli de charmes
Ah! pouvais-tu douter jamais,
Lorsque tu confiais tes armes
Aux mains habiles des *Français*?
Au triomphe rien ne s'oppose
Avec de semblables guerriers;
Celui dont *Mars* soutient la cause
Est sûr de cueillir des lauriers [1].

[1] Mlle. Mars jouait le principal rôle de la pièce

CHIEN ET CHAT.

AIR : Tra, la, la.

Chien et chat,
Chien et chat,
Voilà le monde
A la ronde;
Chaque état,
Chaque état,
N'offre, hélas! que chien et chat.

Voyez ces futurs époux,
Vrais agneaux, tant ils sont doux!
Qu' Hymen engage leur main,
Que sont-ils le lendemain?
Chien et chat,
Chien et chat,
Voilà le monde
A la ronde;

Chaque état,
Chaque état,
N'offre, hélas! que chien et chat.

Que sont, hélas! trop souvent
Dans ce Paris si savant,
Le poète et l'éditeur,
L'auteur et le spectateur?
Chien et chat,
Chien et chat,
Voilà le monde
A la ronde;
Chaque état,
Chaque état,
N'offre, hélas! que chien et chat.

Admirables écrivains,
De leur siècle astres divins,
Malgré leur brillant flambeau,
Qu'étaient Voltaire et Rousseau?
Chien et chat,
Chien et chat,
Voilà le monde
A la ronde;
Chaque état,

Chaque état,
N'offre, hélas! que chien et chat.

Que sont à nos opéras
Ces deux lyriques *ultras*,
Admirateurs de Grétri,
Trompettes de Rossini?...
Chien et chat,
Chien et chat,
Voilà le monde
A la ronde;
Chaque état,
Chaque état,
N'offre, hélas! que chien et chat.

Qu'êtes-vous sous ce beau ciel
Que réfléchit l'Archipel,
Turcs si doux et si polis,
Et vous soldats de *Miaulis*?...
Chien et chat,
Chien et chat,
Voilà le monde
A la ronde;
Chaque état,
Chaque état,
N'offre, hélas! que chien et chat.

Grâce aux nouveaux procédés
Dont nous sommes inondés,
Draps Ternaux, maîtres tailleurs,
Fourgons, bateaux à vapeurs...
Chien et chat,
Chien et chat,
Voilà le monde
A la ronde;
Chaque état,
Chaque état,
N'offre, hélas, que chien et chat.

Que sont, dès que le jour luit
Et qu'il fait place à la nuit,
Le phosphore et le briquet,
Le gaz et l'huile à quinquet?
Chien et chat,
Chien et chat,
Voilà le monde
A la ronde;
Chaque état,
Chaque état,
N'offre, hélas! que chien et chat.

Que sont le classique pur
Et le romantique obscur?

Et qu'ont trop souvent été
La justice et l'équité?
Chien et chat,
Chien et chat,
Voilà le monde
A la ronde;
Chaque état,
Chaque état,
N'offre, hélas! que chien et chat.

Le devoir et le plaisir,
La morale et le désir,
La tisane et la gaîté,
L'hygiène et la santé...
Chien et chat,
Chien et chat,
Voilà le monde
A la ronde;
Chaque état,
Chaque état,
N'offre, hélas! que chien et chat.

Bref, à la bourse, aux journaux,
A la Chambre, aux tribunaux,
Qui voyons-nous, s'il vous plaît,
Hurler, se prendre au collet?

Chien et chat,
Chien et chat,
Voilà le monde
A la ronde;
Chaque état,
Chaque état,
N'offre, hélas! que chien et chat.

IL EST TROP TARD.

AIR : Je ne veux pas qu'on me prenne.

Six heur's sonnaient à l'horloge
Du grand clocher de Fécamp,
Claire en tapinois déloge
Pour joindre Gros-Pierre au champ.
Drès qu'il l'aperçoit, Gros-Pierre
Lui dit : Viens-t'en à l'écart...
Queuq' tu m' veux donc, lui dit Claire?
Dépêch'-toi, car il s' fait tard.

Sous un frais bocage d' roses
Ils allèr'nt tous deux s'asseoir,
Et Gros-Pierre dit tant d' choses
Qu'il ne s'arrêta que l' soir.
Mais aux contes du compère
Claire avait si bien pris part,
Qu'elle lui dit : ah! Gros-Pierre,
Parle encor, il n'est pas tard.

Mais j'nons pus rien à te dire,
R'part Gros-Pierre en s'endormant ;
— Eh ben! r'commence pour rire
C' que tu m' disais dans l' moment.
Il r'commence pour lui plaire...
Mais v'là l' coup d' minuit qui part :
Parle toujours, lui dit Claire,
Je n' rentr' plus, il est trop tard.

L' soupçon chez la mèr' s'éveille;
Ell' craint que c't enfant si cher
Ne vienne à prêter l'oreille
A queuques propos en l'air :
Clair', dit-ell', sur ton passage
S'il s' présent' quelque égrillard,
Ai' surtout grand soin d'êt' sage...
— Ah ! ma mère, il est trop tard.

COUPLETS DE TABLE

CHANTÉS A MEUDON, LE JOUR DE LA SAINTE ANNE.

Air : Vive le vin, vive l'amour.

Allons, ma Muse, une chanson !
Pour m'inspirer viens à Meudon :
Il faut chanter l'aimable Annette.
Verre et couplets, que tout s'apprête,
Et sans tarir, sans détonner,
Tour à tour sachons entonner
Et le vin et la chansonnette.

Les bons amis sont bons buveurs ;
De là vient qu'ici plus qu'ailleurs
La fièvre de la soif me gagne.
Un sage battant la campagne
Mit la Vérité dans un puits ;
Pour moi qui t'aime et te le dis,
Annette, elle est dans le Champagne.

Mais, lorsque je bois du bon vin
Versé par une belle main,
Ma soif à chaque trait redouble;
Il me rend la vue un peu trouble,
Plaisir de plus que je lui dois :
Car, Annette, quand je te vois
Je suis trop heureux de voir double.

On prétend que l'homme en buvant
Chancelle et tombe fort souvent;
Ici point de peur qui m'arrête :
Eh! quel Caton à la guinguette
Ne serait fier de succomber,
S'il était sûr d'aller tomber
Entre les bras de notre Annette?

Buvons donc, amis, buvons tous;
Jusqu'à demain d'un jus si doux
Tâchons de prolonger l'ivresse!
Un philosophe de la Grèce
Passa ses jours dans un tonneau;
Et c'est bien le trait le plus beau
Que nous ayons de sa sagesse.

Certains auteurs qui vantent l'eau
Disent qu'elle fut le berceau

De la déesse de Cythère :
Mais une beauté non moins chère
Préside à ce joyeux festin ;
Je vois ses yeux, je bois son vin,
C'est la Vénus que je préfère.

COUPLETS

POUR LA FÊTE DE M. PIERRE VIGIER,

FONDATEUR DES BAINS DU PONT-ROYAL.

Air :

Amis, de la saison printannière
Chantons tour à tour
Le plus beau jour...
Célébrons le nom de Pierre,
Car, ma foi, tout dur qu'il est,
Ce nom me plaît.

Si du ciel Pierre ouvre la barrière,
Le nôtre aujourd'hui
Fait comme lui;
Car, tous ceux qu'invite Pierre
Ne sont-ils pas en ces lieux
Des bienheureux?

Comment des cieux ne pas voir l'image
Dans les doux minois
Qu'ici je vois?
Un seul suffirait, je gage,
Pour faire de mon taudis
Un paradis.

Pierre sait, par un double avantage,
Nourrir la gaîté
Et la santé... :
Sans en confondre l'usage,
Sa main nous verse à gogo
Le vin et l'eau.

Sur nous ses baignoires font merveilles,
Nous en sortons frais,
A peu de frais;
Mais redoutez ses bouteilles,
Car son vin détruit l'effet
Que son eau fait.

Pierre de la Seine est le Neptune,
Car sous tous les ponts
Il a des fonds;
Certes, jamais sa fortune,
Tant que l'eau s'écoulera,
Ne coulera.

Quel trésor, amis, qu'une richesse
Qui dépend du jet
D'un robinet!
Quand il veut remplir sa caisse,
Pierre tourne, et l'eau soudain
Vient au moulin.

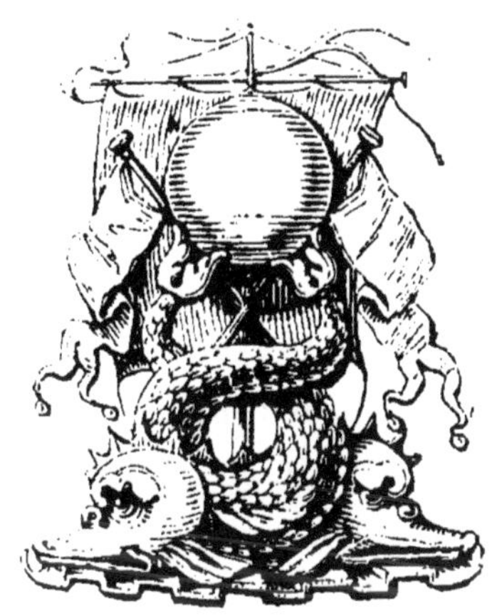

STROPHES

SUR LE DÉPART D'UN CORPS DE CAVALERIE POUR L'ARMÉE.

Un cri formidable est parti
Du séjour du tonnerre ;
Toute la France a retenti
D'un nouveau bruit de guerre :
L'enclume de Vulcain gémit ;
Pallas prend son armure ;
Épouvanté, l'Echo frémit
Et laisse un long murmure.

Allez, allez, ardens coursiers,
Qu'appelle la patrie,
Servir dans des champs de lauriers
Une cause chérie !
Que chacun de vous en succès

Luttant d'ardeur égale,
Soit d'un Alexandre français
Le nouveau Bucéphale !

Aux sons que viennent de lancer
Les trompettes guerrières,
Déjà je vois se hérisser
Vos flottantes crinières;
Je vois dans vos regards brûlans
Les feux de la vaillance,
Et sous vos pieds étincelans
Ceux de l'impatience.

Enfin, le signal est donné
A leur brûlante audace :
Ils partent, et l'œil étonné
Les cherche dans l'espace.
La France a reçu leurs adieux;
Ils volent à la gloire
Et des hennissemens joyeux
Sont leurs chants de victoire.

Fuyez, indignes aiguillons
Des coursiers indociles,
A ceux de nos fiers bataillons
Vous êtes inutiles :

Leur vive ardeur prévient la voix
Du héros qui les guide,
Et l'orgueil d'un si noble poids
Rend leur vol plus rapide.

Pégase, j'osais espérer
Que ton essor sublime
Me permettrait de célébrer
Un élan magnanime :
Il faut bien renoncer pourtant
A des palmes si belles,
Puisque tes frères en partant
Ont emprunté tes ailes.

COUPLETS

POUR LE MARIAGE DE MA FILLE.

AIR de Préville et Taconnet.

On va chanter, souffrez que je commence...
Mes chers amis, en voici la raison :
Mon titre ici m'impose la romance,
Et vous allez entonner la chanson. (*bis.*)
Ah! de mon cœur, qu'un poids bien doux oppresse,
Laissez d'abord s'échapper un soupir; (*bis.*)
Puis grâce à vous, le cri de la tendresse
Sera couvert par les chants du plaisir. } *bis.*

O mon Estelle, à mon ame attendrie
De ton hymen combien le jour est doux !
Et pour doubler le charme de ma vie,
Le même toit va nous réunir tous.

J'ai craint long-tems qu'il ne te fallût suivre
L'heureux époux qu'aurait nommé ton choix...;
Mais sans regret au bonheur je me livre,
Car je te donne et te garde à la fois.

De tes parens et d'un époux qui t'aime
En même tems tu recevras les soins;
Soir et matin, plus heureux que toi-même
De ton bonheur nous serons les témoins.
Et si parfois une petite guerre
Venait troubler un accord aussi doux,
Pour la finir, j'embrasserais ta mère...
Et tu courrais embrasser ton époux.

Et toi pour qui le Ciel avait fait naître
Ce tendre fruit qu'éleva notre amour,
Toi que l'autel entendit lui promettre
Bonheur parfait jusqu'à son dernier jour...
Sûr de ton cœur, si mon aveu sincère
N'hésite pas à te le confier...
De ce trésor heureux dépositaire,
Pour m'enrichir, fais le fructifier.

Le jour heureux qui m'unit à Sophie
Comme un vrai fou, me vit sauter, bondir...;
Quand je lui dus cette fille chérie,
J'extravaguai de joie et de plaisir...;

Le doux serment qu'Estelle vient de faire
M'ôte aujourd'hui trois quarts de ma raison :
Vienne le jour qui me rendra grand-père...
Et je me vois conduire à Charenton.

Allons, amis, remplissez votre verre... :
C'est aujourd'hui le vœu du fondateur ;
Je suis heureux comme époux, comme père,
Buvez, buvez à mon double bonheur.
Elle a sonné, l'heure des chansonnettes ;
A ce banquet quel plaisir m'est promis !
Puis-je en douter ? j'ai des amis poètes
Et j'ai de plus des poètes amis.

COUPLETS

CHANTÉS AU BANQUET DES SOUPERS DE MOMUS
AUQUEL JE FUS INVITÉ, LE 6 MAI 1825.

Air de Turenne.

Disciples chéris d'Épicure,
Quel bonheur m'était réservé!
Des plaisirs que Momus procure
Long-tems, hélas! je fus privé!
Aujourd'hui je prends ma revanche;
Et, par votre accueil enhardi,
Avec vous je ris vendredi,
Au risque de pleurer dimanche.

Pleurer! juste ciel! quel blasphême!
Et de ma bouche il est sorti!
Ah! ne lancez point l'anathème,
Car le proverbe aura menti.

De votre humeur joyeuse et franche,
Sûr d'emporter, chers troubadours,
De la gaîté pour quinze jours,
Je ne saurais pleurer dimanche.

Cependant si cette soirée,
Qui trop tôt, hélas! va cesser,
Plus tard pour mon ame enivrée
Ne devait plus recommencer,
De mes jours voyant qu'on retranche
Le plus riant et le plus doux,
Pour pleurer, je sens, entre nous,
Que je n'attendrais pas dimanche.

Mais loin de moi cette pensée!
Et permettez qu'au même instant
Mon oreille soit caressée
Par vos refrains que j'aime tant!
D'avance relevant mes manches,
De tout cœur je vous applaudis;
Car vos chansons des vendredis
Seraient mes chansons des dimanches.

A MADAME ***,

EN LUI ENVOYANT UNE COUPE DE CRISTAL, LE JOUR DE SA FÊTE (EN JANVIER).

Le vase où Bacchus en gaîté
Des hivers fait fondre la glace,
Devient, dans les mains d'une grâce,
La coupe de la volupté.
Que de ta bouche, ô toi que j'aime,
Les bords la carressent toujours,
Et qu'aujourd'hui mon rival même
T'y verse à boire à nos amours!

ET COETERA PANTOUFLE.

Air : Pauvre garçon tailleur.

Pour séduire un tendron
Bien blanc, bien frais, bien rond,
Le barbon qui s'essouffle,
Près de c' minois lutin
Per sond tems, son latin,
Et cœtera... pantoufle!

Si toujours, dans ce cas,
La poulett' n'avait pas
Queuq' renard qui la souffle,
All' risq'rait, en honneur,
D' garder long-tems son cœur,
Et cœtera... pantoufle.

Moi, qui suis un luron,
Que j' trouv' pareil tendron,

Et j' veux être un maroufle,
Si l'enfant n'a drès d'main
Mon bien, mon cœur, ma main,
Et cœtera... pantoufle.

LE SEXAGÉNAIRE,

CHANSON PHILOSOPHIQUE.

Air du vaudeville de Pinson père de famille.

VIEILLISSONS sans regret,
C'est l'adage
Du vrai sage :
Du bonheur, à tout âge,
Voilà le secret.

La jeunesse a des charmes,
Mais les tendres tourmens
Aux plaisirs des amans
Mêlent toujours quelques larmes...
Vieillissons sans regret,
C'est l'adage
Du vrai sage :
Du bonheur, à tout âge,
Voilà le secret.

Aimer est quelque chose,
Plaire a bien ses douceurs;
Mais dans un champ de fleurs,
Chers amis, tout n'est pas rose...
Vieillissons sans regret,
C'est l'adage
Du vrai sage:
Du bonheur, à tout âge,
Voilà le secret.

Quand le printems nous laisse,
Rions de son départ;
La gaîté du vieillard
Est la seconde jeunesse.
Vieillissons sans regret,
C'est l'adage
Du vrai sage:
Du bonheur, à tout âge,
Voilà le secret.

Gai, sans emploi ni rente,
Je compte soixante ans;
Mais sous ces cheveux blancs,
Ma tête n'en a que trente...
Vieillissons sans regret,
C'est l'adage

Du vrai sage :
Du bonheur, à tout âge,
Voilà le secret.

Mon filleul est tout aise
D'avoir Lise à vingt ans ;
Plus heureux dans mon temps,
Moi, j'eus sa grand' mère à seize...
Vieillissons sans regret,
C'est l'adage
Du vrai sage :
Du bonheur, à tout âge,
Voilà le secret.

J'entends dire à la ronde
Que le monde est bien vieux ;
Rien pourtant, à mes yeux,
N'est aussi gai que le monde.
Vieillissons sans regret,
C'est l'adage
Du vrai sage :
Du bonheur, à tout âge,
Voilà le secret.

Momus, qui nous rallie,
Par vingt siècles cassé,

N'a pas encor cessé
D'être dieu de la folie.
Vieillissons sans regret,
C'est l'adage
Du vrai sage :
Du bonheur, à tout âge,
Voilà le secret.

Vieille, mais non caduque,
La gaîté chez Piron,
Chez Pannard, chez Scarron,
Riait sous une perruque...
Vieillissons sans regret,
C'est l'adage
Du vrai sage :
Du bonheur, à tout âge,
Voilà le secret.

Que d'heureux sur la terre,
Si l'on se consolait
Par ce que l'on a fait
De ce qu'on ne peut plus faire !
Vieillissons sans regret,
C'est l'adage
Du vrai sage :
Du bonheur, à tout âge,
Voilà le secret.

Si ma jambe moins ferme
Ne peut presser le pas,
J'en espère tout bas
Arriver moins vite au terme.
Vieillissons sans regret,
C'est l'adage
Du vrai sage :
Du bonheur, à tout âge,
Voilà le secret.

Puis quand la barque arrive,
Gaîment sautons le pas;
Qui sait si l'on n'a pas
Des banquets sur l'autre rive?...
Vieillissons sans regret,
C'est l'adage
Du vrai sage :
Du bonheur, à tout âge,
Voilà le secret.

A UNE JOLIE CHAPELIÈRE.

En te donnant des traits qui font tant de rivaux,
C'est pour un autre état que le Ciel t'avait faite :
Qu'espéres-tu gagner à vendre des chapeaux,
Lorsqu'à tous les passans tu fais perdre la tête?

COUPLETS DE NOCES.

AIR : Gai, gai, mariez-vous.

AI, gai, gai, faisons tous
Ce qu'ont fait nos père
Et mère ;
Gai, gai, marions-nous :
Quoique vieux l'exemple est doux.

In nomine domini,
Suivant la loi de nature,
Crescite, dit l'Écriture,
Et multiplicamini.
Gai, gai, gai, faisons tous
Ce qu'ont fait nos père
Et mère ;
Gai, gai, marions-nous :
Quoique vieux l'exemple est doux.

Jadis Adam, dégoûté
De vivre seul sur la terre,
Se maria sans notaire
Ni municipalité.
  Gai, gai, gai, faisons tous
   Ce qu'ont fait nos père
     Et mère;
  Gai, gai, marions-nous :
Quoique vieux l'exemple est doux.

Que le mariage est beau!
Il n'en est qu'un qui me blesse;
Et c'est, je vous le confesse,
Celui du vin et de l'eau.
  Gai, gai, gai, faisons tous
   Ce qu'ont fait nos père
     Et mère;
  Gai, gai, marions-nous :
Quoique vieux l'exemple est doux.

Puissé-je, heureux marié,
Sans piquer la jalousie,
Troquer un tiers de ma vie
Contre un quart de ta moitié.
  Gai, gai, gai, faisons tous
   Ce qu'ont fait nos père

Et mère;
Gai, gai, marions-nous :
Quoique vieux l'exemple est doux.

Toi qui sais si bien charmer,
Puisse ta famille à faire
Avoir tes traits pour nous plaire,
Et notre cœur pour t'aimer.
Gai, gai, gai, faisons tous
Ce qu'ont fait nos père
Et mère;
Gai, gai, marions-nous :
Quoique vieux l'exemple est doux.

Avant un an, je soutien
Qu'il faut qu'une circulaire
Nous apprenne que la mère
Et l'enfant se portent bien.
Gai, gai, gai, faisons tous
Ce qu'ont fait nos père
Et mère;
Gai, gai, marions-nous :
Quoique vieux l'exemple est doux.

Être deux est, je le crois,
Sur terre un bonheur extrême;

Mais le bien vraiment suprême,
Mes amis, c'est d'être trois.
  Gai, gai, gai, faisons tous
   Ce qu'ont fait nos père
      Et mère;
  Gai, gai, marions-nous :
Quoique vieux l'exemple est doux.

On sait que, sans rejeton,
La rose est l'orgueil de Flore;
Mais on aime mieux encore
La rose unie au bouton.
  Gai, gai, gai, faisons tous
   Ce qu'ont fait nos père
      Et mère;
  Gai, gai, marions-nous :
Quoique vieux l'exemple est doux.

Avec nous nos chers époux
Sont heureux, je l'imagine;
Mais ils m'ont toute la mine
De l'être encor plus sans nous.
  Gai, gai, gai, faisons tous
   Ce qu'ont fait nos père
      Et mère;
  Gai, gai, marions-nous :
Quoique vieux l'exemple est doux.

A pincer le rigodon
Chaque jeune homme s'apprête ;
Toi, tu pinces ta conquête,
Moi, je pince le flacon.
Gai, gai, gai, faisons tous
Ce qu'ont fait nos père
Et mère ;
Gai, gai, marions-nous :
Quoique vieux l'exemple est doux.

Chantons tous jusqu'à demain,
Ivres d'une amitié pure :
Vivent l'amour, la nature,
L'hymen, la table et le vin.
Gai, gai, gai, faisons tous
Ce qu'ont fait nos père
Et mère ;
Gai, gai, marions-nous :
Quoique vieux l'exemple est doux

A M. DE PIIS.

Qu'ils sont heureux les enfans de Momus !
Aujourd'hui près de toi le Plaisir les rallie,
Et sur l'autel de la Folie
Ils vont chanter de joyeux *oremus*.
Et moi, Piis, moi qui partage
Leur appétit, leur soif, leur amitié...,
Il faut qu'un maudit esclavage,
Loin de ton aimable ermitage,
Hélas ! me retienne lié !
Mais, Socrate nouveau, ta maison est petite ;
Tous tes amis vont s'y presser ;
Mon corps épais eût pu t'embarrasser :
Mon cœur seul te rendant visite,
Tu sauras bien où le placer.

L'AGONIE D'APOLLON.

AIR :

Si rien ne vient changer ton sort,
Pauvre Apollon, te voilà mort;
Et ceux qui devraient te nourrir
Sont ceux qui te feront mourir.

Las des écrits sans nombre
De nos rimeurs bernés,
Ennuyé des vers sombres
De leurs drames mort-nés;
Riant des tragédies
Qu'on écrit sous son nom;
Pleurant aux comédies
Que dicte le bon ton;
Glacé par les romances
De nos Dorats nouveaux,

Affadi par les stances
De nos petits Rousseaux...,
Il a fui du Parnasse,
Et chez nous Apollon
Attend qu'un autre Horace,
Un autre Anacréon,
Mérite qu'il le place
Sur le sacré vallon.

Mais chez nous son séjour pourrait être fort long...

Si rien ne vient changer ton sort,
Pauvre Apollon, te voilà mort;
Et ceux qui devraient te nourrir
Sont ceux qui te feront mourir.

CHANSON

A L'OCCASION DE MA RÉCEPTION A LA SOCIÉTÉ DITE *DES BÊTES*.

AIR : Ma Tanturlurette.

Vous m'avez nommé *Pinson :*
Je vous dois une chanson
Qui soit à la fois honnête
Et bien bête, (*bis.*)
Bête, bête, bête.

Je suis à votre hauteur,
Car au premier mot la peur
D'être un fort mauvais poète
Me rend bête, (*bis.*)
Bête, bête, bête.

Ah! qu'il m'est doux, chers amis,
De pouvoir, chez vous admis,

Chanter, crier à tû-tête :
Je suis bête, (*bis.*)
Bête, bête, bête.

Il faut bien que je le sois,
Car les plus rusés matois
Ne sont jamais où vous êtes
Que des bêtes, (*bis.*)
Bêtes, bêtes, bêtes.

Que je suis fier de ce nom !
Puisque dans cette maison,
Jusqu'à l'ami qui nous traite,
Tout est bête. (*bis.*)
Bête, bête, bête.

Je méritais ce nom-là,
Car maint tendron vous dira
Que j'ai l'air en tête-à-tête
D'une bête, (*bis.*)
Bête, bête, bête.

Il pourra vous dire encor
Que, dans l'amoureux essor,
L'âne, en ses jours de conquête,
Est moins bête, (*bis.*)
Bête, bête, bête.

J'ai parfois fait de l'esprit;
Jamais mon esprit ne prit;
Depuis ce tems je répète :
Soyons bête, (*bis.*)
Bête, bête, bête.

Brunet serait-il connu,
Si Brunet n'avait pas su
D'une manière parfaite
Être bête, (*bis.*)
Bête, bête, bête.

Moi, qui n'avais pas encor
Jusqu'ici roulé sur l'or,
Voilà ma fortune faite :
Je suis bête, (*bis.*)
Bête, bête, bête.

LES GRISETTES,

PRISES AU PHYSIQUE ET AU MORAL.

Air : La Boulangère a des écus.

P'TITE rob' garnie à l'entour,
Chapeaux d' paille ou cornettes,
Ceinture à boucle, bas à jour,
Bouffantes ou coll'rettes,
Jolis p'tits riens au milieu d' ça...
V'là l's atours des grisettes,
Oui, v'là...
V'là l's atours des grisettes.

Au Cirque, à Marbœuf, au Delta,
Danser, s' mettre en goguettes;
Des jeun's moustaches qui s' trouv'nt là
Écouter les fleurettes,

Pour voir jusqu'où ça les mèn'ra...
V'là l' plaisir des grisettes,
Oui, v'là...
V'là l' plaisir des grisettes.

Plutôt un p'tit refrain d' chanson
Que d' grands airs à roulettes,
Plutôt un pauvre et bon garçon
Qu'un' perruque à sonnettes...
Plutôt la Gaîté qu' l'Opéra,
V'là le goût des grisettes,
Oui, v'là...
V'là le goût des grisettes.

Au bien consacrant leurs loisirs,
Se montrer toujours prêtes
A mettre un terme à nos soupirs,
A nos peines secrètes,
S' dépouiller mêm' pour en v'nir là...
V'là le cœur des grisettes,
Oui, v'là...
V'là le cœur des grisettes.

L' dimanche au p'tit marchand d' plaqué,
D' la ru' des Audriettes,
Donner un rendez-vous sur l' quai
D' la Grève ou des Lunettes...

Et dir' qu' c'est à la mess' qu'on va...
V'là l's allur's des grisettes,
Oui, v'là...
V'là l's allur's des grisettes.

Bref, avec un p'tit nez r'troussé,
De petit's mains drôlettes,
Un p'tit pied bien pris, bien chaussé,
Fair' tourner plus de têtes
Qu' la politiqu' n'en détraqua...
V'là l' secret des grisettes,
Oui, v'là...
V'là l' secret des grisettes.

Et tant qu' not' globe ne sera pas
Noyé par quelq' planètes,
Disloqué par quelq' patatras...
Brûlé par quelq' comètes...
D' Paris à Rome, au Kamtchatka...
V'là c' que s'ront les grisettes,
Oui, v'là...
V'là c' que s'ront les grisettes.

REVIENDREZ-VOUS?

STANCES SUR LE DÉPART DES MÉDECINS FRANÇAIS POUR BARCELONE.

Quelle furie étend ses ailes?
De l'Ebre elle infecte les bords;
Chaque jour mille morts nouvelles
Viennent prédire mille morts...
Orgueil, espoir de leur patrie,
Cinq Français vont braver ses coups,
Sourds à notre voix qui leur crie : (*bis.*)
Vous nous quittez!... reviendrez-vous?

Partez, héros de bienfaisance!
Consolateurs d'un peuple en deuil;
Allez le rendre à l'existence,
Fermez un immense cercueil...

Sauvez l'ami, le fils, le père;
Mais pour prix d'un bienfait si doux,
Près d'une épouse, d'une mère, (*bis.*)
Mortels chéris !... reviendrez-vous?

Ah! redoutez la noble envie
Qui vous dit d'affronter le sort...
Leurs bouches implorent la vie,
Et leur souffle exhale la mort.
Mais soudain, moment plein de charmes!
Enfant, vieillard, sœur, frère, époux,
De l'espoir ont connu les larmes; (*bis.*)
Vous arrivez!... reviendrez-vous?

Déjà des monceaux de victimes,
Succombant au fléau mortel,
Retrouvent, à vos noms sublimes,
La force de bénir le ciel.
Volez, de Dieu nouveaux apôtres,
Ils vous attendent à genoux...
Mais si leurs mains pressent les vôtres, (*bis.*)
Infortunés!... reviendrez-vous?

O vertu, force plus qu'humaine!
Où précipites-tu tes pas,
Malheureux? Une mort certaine
A-t-elle pour toi des appas?

Arrête... A la nuit de la tombe,
Il voudrait les arracher tous!
Vains efforts! il chancelle, il tombe... (*bis.*)
Mazet n'est plus!... reviendrez-vous?

Respect, amour, gloire éternelle
Au martyr de l'humanité,
Que, sous la couronne immortelle,
Dieu fait asseoir à son côté.
Amis, sa dernière prière
Fut que, d'un saint devoir jaloux,
Votre cœur prît soin de sa mère... (*bis.*)
Pour l'exaucer... reviendrez-vous?

Salut! vierges dont l'ame sainte,
Appui fidèle du malheur,
Osa pénétrer dans l'enceinte
Des tombeaux et de la douleur.
La terre a donc aussi ses anges!
Ah! pour entendre parmi nous
Retentir vos noms, vos louanges, (*bis.*)
Filles du ciel!... reviendrez-vous?

Oui, s'écrie une voix céleste,
Le fléau suspend ses fureurs,
La Parque son ciseau funeste,
Le peuple ses cris et ses pleurs...

Et bientôt enfin rassurée,
Du sort oubliant le courroux,
La France, de joie enivrée, (*bis.*)
Ne dira plus : reviendrez-vous?

LA CHATTE MERVEILLEUSE.

COUPLETS CHANTÉS A UNE NOCE.

Air : On compterait les diamans.

La chatte merveilleuse et toi,
Ma Caroline, c'est tout comme,
Puisqu'enfin c'est ainsi, je croi,
Qu'aujourd'hui ton époux te nomme ;
Et je suis certain que toujours
Sa main tendrement amoureuse
Trouvera patte de velours
Dans sa p'tit' chatte merveilleuse. (*bis.*)

Partout, de la fidélité
On dit que les chiens sont l'emblême ;
Chez eux c'est une qualité
Qui fait honte à l'homme lui-même.

Mais ton mari, fier d'un lien
Qui va rendre sa vie heureuse,
Sera fidèle comme un *chien*
A sa p'tit' chatte merveilleuse.

Couple fidèle, puissiez-vous,
Ainsi que tout nous le présage,
En dépit de tous les matous,
Faire toujours heureux ménage!
Et puissions-nous voir dans neuf mois,
(Du surnom influence heureuse!)
Neuf petits chats naître à la fois
De la p'tit' chatte merveilleuse!

Jeune époux, redoublant de soins
Près d'une minette aussi sage,
Préviens les désirs, les besoins
Qu'elle peut avoir à son âge;
Et ne vas pas, changeant d'amour,
Dans ton humeur capricieuse,
Refuser la pâtée, un jour,
A ta p'tit' chatte merveilleuse.

SERVITEUR! SERVITEUR!

AIR : Dans la vigne à Claudine.

Puisque tout doit, je pense,
Finir tant mal que bien,
Il ne faut, par prudence,
S'accoutumer à rien.
D'un bien qui nous invite
Goûtons l'attrait flatteur,
Puis, ma foi, s'il nous quitte,
Serviteur! serviteur!

Quand, avec son escorte,
Le petit dieu tout nu
Vient frapper à ma porte,
Qu'il soit le bien-venu!
Puis, perdant la parole
Et prenant l'air boudeur,
Si le fripon s'envole,
Serviteur! serviteur!

Brûlons pour notre belle
D'un feu toujours constant,
Et, s'il le faut, pour elle
Versons tout notre sang.
Mais si le sort nous ôte
Cet objet enchanteur,
Ce n'est pas notre faute :
Serviteur ! serviteur !

Mettre à la loterie
Me semble un vrai plaisir;
Parfois, quoiqu'on en rie,
Je cède à ce désir.
Mais le gain n'acoquine
Que le fieffé joueur ;
Moi, que j'y gagne un quine :
Serviteur ! serviteur !

Molière est ma folie,
Et Racine mon dieu;
Melpomène et Thalie
Ont reçu leur adieu.
Leur carrière est finie,
Et chaque spectateur
A dit à leur génie :
Serviteur ! serviteur !

Vous qui, du haut du trône,
Régnez sur tant d'états,
Que l'or de la couronne
Ne vous aveugle pas!
Tôt ou tard à l'empire,
Au peuple adulateur,
Monarques, il faut dire :
Serviteur! serviteur!

Sans porter nulle envie
A plus heureux que moi,
Bien jouir de la vie
Est ma première loi.
Que l'âge, après, me chasse,
Je dirai de bon cœur
A qui prendra ma place :
Serviteur! serviteur!

VERS

POUR L'ALBUM DE MADAME BRANCHU,

NÉE A LA MARTINIQUE.

De Melpomène et Polymnie,
Toi, qui loin de Paris emportas les regrets;
Hypermnestre, Médée, Armide, Valérie,
Qui nous rendra ton ame, et ta voix, et tes traits?
Le feu qui t'animait brûle encor, nous pénètre,
Après trente ans passés comme un éclair :
Non, tu n'auras pas plus d'hiver
Que le climat qui te vit naître.

COUPLETS

A L'OCCASION D'UN BAPTÊME.

En ce beau jour
Chantons tour à tour,
Chantons l'eau du baptême :
Qu'elle a d'appas!
On ne la boit pas...
C'est la seule que j'aime.

On est porté,
On est humecté,
Ensuite on vous essuie;
Puis à l'enfant
On dit, le r'coiffant :
Pas de bonheur sans pluie.

Grâce à c'tt' eau-là
L' bel enfant que v'là

N'est plus païen sans doute ;
Ça prouve bien
Qu' pour faire un chrétien
Il n'en faut qu'une goutte.

Chacun voyant
Ce poupon friand
Presser l' sein de sa mère,
S' disait tout bas :
Que ne suis-je, hélas !
Cet enfant ou son père !

....

Pardonnez si
Dans ces couplets-ci
L' sel est d'un rare extrême.
Sans notre avis,
On l'avait tout mis
Dans les eaux du baptême.

LE HASARD.

Air des deux Valentins.

C'est le Hasard
Qui tôt ou tard
Ici bas (*bis*) nous seconde;
Car,
D'un bout du monde
A l'autre bout,
Le Hasard seul fait tout.

Un tel qu'on vantait
Par hasard était
D'origine assez mince;
Par hasard il plut,
Par hasard il fut
Baron, ministre et prince.
C'est le Hasard

Qui tôt ou tard
Ici bas (*bis*) nous seconde;
Car,
D'un bout du monde
A l'autre bout,
Le Hasard seul fait tout.

Le Hasard qui fait
Tout ce qui lui plaît,
Fit Rose pauvre fille;
Ce même hasard
L'enrichit plus tard,
En la faisant gentille.
C'est le Hasard
Qui tôt ou tard
Ici bas (*bis*) nous seconde;
Car,
D'un bout du monde
A l'autre bout,
Le Hasard seul fait tout.

Au hasard des jeux
Plus d'un malheureux
Dut sa fortune entière;
Et que de guerriers
N'ont dû leurs lauriers

Q'aux hasards de la guerre !
C'est le Hasard
Qui tôt ou tard
Ici bas (*bis*) nous seconde ;
Car,
D'un bout du monde
A l'autre bout,
Le Hasard seul fait tout.

Monsieur Desmarets,
Rentier du Marais,
Était sexagénaire ;
Il épouse Agnès,
Et six mois après
Le hasard le rend père.
C'est le Hasard
Qui tôt ou tard
Ici bas (*bis*) nous seconde ;
Car,
D'un bout du monde
A l'autre bout,
Le Hasard seul fait tout.

Jeune, au jeu d'amour
J'avais chaque jour
Mainte bonne fortune ;

Aujourd'hui vieillard,
C'est un grand hasard
Quand j'en puis trouver une.
C'est le Hasard
Qui tôt ou tard
Ici bas (*bis*) nous seconde;
Car,
D'un bout du monde
A l'autre bout,
Le Hasard seul fait tout.

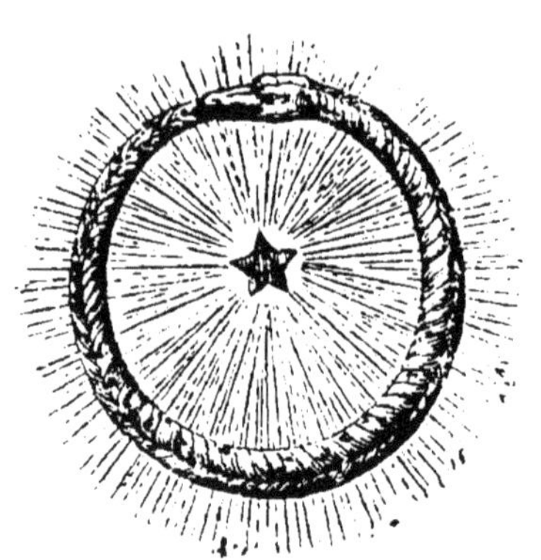

A GERSIN.

Oui, d'une clef de montre et d'un porte-crayon
J'ai de toi, cher ami, reçu l'offrande aimable,
Et tous deux ne pouvaient arriver, pour raison,
Dans un moment plus favorable.
La clef me préviendra de l'heure ou j'essairai
Par des couplets nouveaux de rajeunir *tes Pages* [1]
Et pour leur assurer d'unanimes suffrages
C'est avec ton crayon que je les tracerai.

[1] Allusion aux *Pages du Duc de Vendôme*, vaudeville de M. Gersin, qui allait être remis au théâtre par Désaugiers.

A UNE DAME

QUI DEMANDAIT A L'AUTEUR SES TROIS VOLUMES DE CHANSONS, EN LE MENAÇANT DE LES ENVOYER CHERCHER PAR LA FORCE ARMÉE.

Les voilà donc ces trois volumes
Que la plus aimable des plumes
Réclame militairement!
Ils partent sans bruit, sans escorte,
Mais l'Amitié qui vous les porte
Est plus sûre qu'un régiment.
Quoi! m'envoyer la force armée,
Tambour battant, mèche allumée,
Pour me soumettre à votre loi...!
Ah! pour obtenir tout de moi,
N'est-ce pas assez de vos charmes?
Et croyez-vous qu'il soit loyal
De menacer d'un arsenal
Un cœur qui vous rendit les armes?

LES VISITES.

De notre siècle heureux Crésus,
Vous qui tous tenez table ouverte
De mets, de vins exquis couverte,
Un jour, de trois cents mille écus
Faites bien haut sonner la perte;
Puis, établis dans un grenier,
Appelez-y vos parasites,
Ils écriront chez le portier :
Plus de dîners, plus de visites.

Deux époux récemment unis,
Après huit jours de mariage,
En grand costume, en équipage,
Vont visiter tous leurs amis;
Depuis des siècles c'est l'usage.
Si ce devoir n'est pas fort gai,
C'est que, docile aux lois prescrites,

L'Amour se trouve fatigué,
Et l'Hymen fait seul les visites.

Ils sont bien loin ces heureux jours
Où, riche d'attraits qu'elle pleure,
Gertrude voyait à toute heure
Accourir les Jeux, les Amours,
Qui ne quittaient pas sa demeure.
Mais, quoiqu'elle n'ait plus vingt ans,
Loin de vouloir se faire ermite,
Elle ouvre encor les deux battans,
Quand le Plaisir lui rend visite.

Le dieu du goût dicte ses lois
Dans un temple non loin du Louvre;
Pour qu'aux aspirans il s'entr'ouvre,
Il faut que leur front maintes fois
Devant les élus se découvre.
Puis, un fauteuil, leur seul espoir,
Tend ses deux bras aux Néophites;
Il est bien permis de s'asseoir,
Quand on a fait tant de visites.

LES PATINEURS.

AIR : De chaque jour je fais ma vie entière
(De la *Lanterne Sourde*.)

QUE j'aime à voir, sur cette onde immobile,
Au loin courir, ou plutôt voltiger,
L'essaim joyeux de tout ce que la ville
A d'élégant, d'adroit et de léger !
L'œil étonné suit à peine leurs traces
Dans cette enceinte ouverte à nos plaisirs ;
L'illusion nous présente les Grâces
Ou poursuivant, ou fuyant les Zéphirs.
Là, d'une Agnès les séduisantes poses
De ses appas dessinent les contours,
Et sa grand'mère, en traîneau sous des roses,
Plus que l'hiver glace encor les Amours.
D'un financier ici la lourde chute
D'un bras voisin sollicite l'appui ;
Là, plus adroit, un débiteur culbute

Un créancier qui manœuvrait sur lui.
Le milord Pouf, arrêté par la goutte,
Lâche un *goddam* à sa nymphe qui fuit.
Là, d'écoliers une troupe en déroute
Rit du mentor qui de l'œil les poursuit.
C'est le commis coudoyant une altesse,
L'homme d'esprit heurté par un benêt,
C'est un époux applaudissant l'adresse
D'un inconnu que sa femme connaît.
Bref, grand, petit, bourgeois et militaire,
Tout se confond dans ce riant tableau;
Et l'on dirait que, las d'être sur terre,
Le Carnaval s'est établi sur l'eau.

LES GANTS.

Air de la pipe de Tabac.

Que j'aime le gant qui me cache
D'un bras arrondi les attraits !
Avec quel plaisir je l'arrache !
Avec quel plaisir je le mets ! (*bis.*)
Ah ! s'il est vrai que le mystère
Ajoute aux plaisirs d'un amant,
Qu'une main lui doit être chère
Quand il la presse sous un gant ! (*bis.*)

Mais il est un gant dont l'usage
Déplaît à tous les fanfarons ;
Il est l'organe du courage,
Il est le vengeur des affronts !
Combien de gens qu'on peut connaître
Aimeraient mieux fort prudemment,
Se voir jeter par la fenêtre,
Que de se voir jeter le gant.

Les gants sont aussi très utiles
Auprès des femmes et des grands :
Leurs faveurs deviennent faciles
Pour qui leur parle avec des gants.
Ils sont aussi l'ame ordinaire
Et des sots et des intrigans ;
Car de ce qu'un autre a su faire,
Ils savent se donner les gants.

Mais les gants fatiguent bien vite
Quand on a la plume à la main ;
Je sens que si je ne les quitte,
J'écrirai mal jusqu'à demain.
Gardez-les-moi dans votre poche,
Et surtout gardez-les long-tems ;
Mes amis, quand l'hiver approche,
C'est l'instant de prendre les gants.

A MON AMI RAMOND,

EN RÉPONSE AUX COUPLETS QU'IL VIENT DE M'ADRESSER DANS LE MENTOR, SUR MA CONVALESCENCE [1].

AIR du Verre.

Je les ai lus ces vers touchans
Où ton amitié me présage
Le retour de mes joyeux chants
Suspendus par un long orage.
« Désaugiers va bientôt chanter, »
Me dit ta muse consolante;
Oui... je veux du moins le tenter,
Et c'est toi que Désaugiers chante.

Lancé sur moi je ne sais d'où,
Par le plus infernal génie,

[1] Cette convalescence, trop peu réelle, ne fut qu'un soulagement momentané, après les premières tentatives de lithotritie.

Sous la figure d'un caillou,
Un fléau menaça ma vie;
C'est à ce fléau que je dois
Tes vers, si bien faits pour me plaire...
Et je lui pardonne, à ta voix,
Tout le mal qu'il a pu me faire.

Aux dieux du vin et des amours,
Déjà tu signales ma lyre...
Donne-lui du moins quelques jours
Pour renaître à leur gai délire.
Bacchus, partisan des faux pas,
Pour le faible a de l'indulgence;
Mais l'amour ne recherche pas
L'encens de la convalescence.

L'amitié seule à ses ébats
Admet l'enfance et la vieillesse;
Ainsi tu me pardonneras
Et mon audace et ma faiblesse.
Que ma muse par ses accens
Flatte ou fatigue tes oreilles,
Elle te doit ses premiers chants,
Puisque c'est toi qui la réveilles.

A MON AMI BRAZIER,

EN RÉPONSE A LA CHANSON QU'IL M'A ADRESSÉE, DANS UN JOURNAL, LE 4 JUILLET 1826, SUR MA CONVALESCENCE.

Air : *Vieillissons sans regret,*
ou Vaut ben mieux moins d'argent.

Ai ! mon vieux,
Ça va mieux...
Après huit grands mois de diète,
En avant le flacon,
L'assiette
Et la chanson.

Vers le sombre rivage,
Je n'ai pas pris l'essor ;
J'étais trop faible encor
Pour faire un si grand voyage...

Gai! mon vieux,
Ça va mieux...
Après huit grands mois de diète,
En avant le flacon,
L'assiette
Et la chanson.

Si bien vider son verre
Ne fut jamais un tort,
Qu'avais-je fait au sort
Pour qu'IL ME JETAT LA PIERRE?
Gai! mon vieux,
Ça va mieux...
Après huit grands mois de diète,
En avant le flacon,
L'assiette
Et la chanson.

On eût vraiment pu croire,
Aux moëllons que j'avais,
Qu'en secret je servais
Messieurs de la bande noire...
Gai! mon vieux,
Ça va mieux...
Après huit grands mois de diète,
En avant le flacon,

L'assiette
Et la chanson.

Mais, grâce au savoir faire
D'Heurteloup, de Pasquier,
Je touche, cher Brazier,
A la fin de ma *carrière*...
Gai! mon vieux,
Ça va mieux...
Après huit grands mois de diète,
En avant le flacon,
L'assiette
Et la chanson.

Si pourtant, à leur honte,
C'eût été fait de moi,
C'est un *calcul*, ma foi,
Qui n'aurait pas fait mon compte...
Gai! mon vieux,
Ça va mieux...
Après huit grands mois de diète,
En avant le flacon,
L'assiette
Et la chanson.

Je commence à revivre,
Déjà le doigt de vin

Remet mon cœur en train...
Le doigt de cour va le suivre.
Gai! mon vieux,
Ça va mieux...
Après huit grands mois de diète,
En avant le flacon,
L'assiette
Et la chanson.

Pendant mon long carême,
Corsages embellis,
Et vous, flacons vieillis,
Redoutez ma soif extrême.
Gai! mon vieux,
Ça va mieux...
Après huit grands mois de diète,
En avant le flacon,
L'assiette
Et la chanson.

Bacchus m'offre une grappe,
L'amour me tend la main,
Comus sert un festin,
Et le Plaisir met la nappe.
Gai! mon vieux,
Ça va mieux...

Après huit grands mois de diète,
En avant le flacon,
L'assiette
Et la chanson.

Ami, quoi qu'il advienne,
A ta santé, je dois
Trinquer autant de fois
Que tu trinques à la mienne...
Gai! mon vieux,
Ça va mieux...
Après huit grands mois de diète,
En avant le flacon,
L'assiette
Et la chanson.

RÉPONSE

AUX COUPLETS DE M. JACINTHE LECLERC.

AIR d'Aristippe.

D'UN doux espoir flattant mes destinées,
Dont Atropos voulait trancher le cours,
Tes vers charmans m'annoncent cent années
De chants joyeux, de gloire et de beaux jours.
Je pourrais croire aux promesses touchantes
Que l'Amitié m'adresse par ta voix,
Si je buvais comme tu chantes,
Si je chantais comme tu bois!

D'Anacréon si l'antique mémoire
Préside encore à vos festins joyeux;
Si ses leçons dans l'art de rire et boire
Ont retenti jusqu'aux banquets des dieux;

Et si là bas ses chansons délirantes
Ont enivré les diables tant de fois,
C'est qu'il buvait comme tu chantes,
C'est qu'il chantait comme tu bois!

A MES AMIS,

RÉUNIS CHEZ GRIGNON POUR CÉLÉBRER MA FÊTE,
LE 17 JANVIER 1827.

Air : Folie !

A table ! à table !
Aujourd'hui voilà mon refrain :
Au diable, au diable
Pierre et chagrin ! (*bis.*)

Ma lyre long-tems suspendue
De chaque corde détendue
Peut à peine tirer un son ;
Pour faire ronfler ma chanson,
Chantez à l'unisson :
A table ! à table !
Aujourd'hui voilà mon refrain :
Au diable, au diable,
Pierre et chagrin !

Long-tems une horde imbécille
Jeta la pierre au Vaudeville;
Pour parer cette attaque-là
J'accourus, et quand je fus là,
La pierre m'arriva :
A table! à table!
Aujourd'hui voilà mon refrain :
Au diable, au diable,
Pierre et chagrin!

Comme autrefois, le pauvre Antoine
N'a plus un ventre de chanoine;
Mais son cœur, malgré maint souci,
N'a pas varié, dieu merci!
Et je l'éprouve ici.
A table! à table!
Aujourd'hui voilà mon refrain :
Au diable, au diable,
Pierre et chagrin!

Eh! le moyen que dans le monde
Je présente une face ronde,
Quand, délaissant Comus, Bacchus,
Pour alimens je ne prends plus
Que des bouillons pointus!
A table! à table!

Aujourd'hui voilà mon refrain :
Au diable, au diable,
Pierre et chagrin !

Vive une table bien servie,
Pour rendre au bonheur, à la vie
Un pauvre diable déconfit,
Qui, pendant douze mois, ne vit
Que le ciel de son lit !
A table ! à table !
Aujourd'hui voilà mon refrain :
Au diable, au diable,
Pierre et chagrin !

Pour le carbonate de soude
Lorsque j'ai tant levé le coude,
Je crois que je mérite bien
Un breuvage où le pharmacien
Ne soit entré pour rien :
A table ! à table !
Aujourd'hui voilà mon refrain :
Au diable, au diable,
Pierre et chagrin !

Si du cœur la joyeuse ivresse
Chassait maladie et faiblesse,

Amis, dans un banquet si doux,
Je serais, au milieu de vous,
Le mieux portant de tous!
A table! à table!
Aujourd'hui voilà mon refrain :
Au diable, au diable
Pierre et chagrin!

Grâce à votre amitié touchante,
A ce doux tableau qui m'enchante,
Ranimé, joyeux, attendri,
J'ai chanté, j'ai pleuré, j'ai ri;
Amis, je suis guéri :
A table! à table!
Aujourd'hui voilà mon refrain :
Au diable, au diable
Pierre et chagrin!

TABLE GÉNÉRALE

PAR ORDRE ALPHABÉTIQUE

DES CHANSONS ET POÉSIES

CONTENUES DANS LES QUATRE VOLUMES,

AVEC L'INDICATION

DES NUMÉROS DE LA *CLEF DU CAVEAU*,

POUR LE TIMBRE DES AIRS.

TABLE GÉNÉRALE.

A.

* *Clef du Caveau*, 3e édition, chez Janet et Cotelle, rue Saint-Honoré, hôtel d'Aligre.

CLEF DU CAVEAU.

AIRS : Dans les gardes françaises.................. Nos 120
Traitant l'Amour sans pitié...................... 571
Bonsoir la compagnie........................... 66
A boire! à boire! à boire!...................... 1
J'arrive à pied de Provence.................... 249
Des Fraises.. 725
Du haut en bas.................................... 155
Une fille est un oiseau........................... 606
Au coin du feu..................................... 47
Des Trembleurs.................................... 731
Dépêchons, dépêchons, dépêchons-nous.... 679
Des Pendus.. 728
A boire! à boire! à boire!...................... 1
Au clair de la lune................................ 1820
Des Fleurettes...................................... 723
Le port Mahon est pris........................... 352
Bonjour, mon ami Vincent...................... 63
Nous nous marierons dimanche............... 409
R'lantanplan tirelire.............................. 504
Il a voulu, il n'a pas pu......................... 215
N'est-il, Amour, sous ton empire............ 966
Ciel! l'univers va-t-il donc se dissoudre!.... 96
Ah mon Dieu! que je l'échappai belle........ 15
O filii et filiæ...................................... 412

CLEF DU CAVEAU.

AIRS : Des Folies d'Espagne...................... Nos 722
Aussitôt que la lumière.......................... 50
J'ons un curé patriote........................... 294
Oui, je suis soldat, moi......................... 436

CLEF DU CAVEAU.

AIRS : Bon, bon, mariez-vous..................... N°s 384
J'arrive à pied de Province.................... 249
Du vaudeville d'Arlequin Cruello.......... ... 771
Sur l' port avec Manon un jour... 549
Courons d' la brune à la blonde................ 100
La bonne aventure, ô gué....................... 302
Lise épouse l' beau Gernance.................. 366
Réveillez-vous, belle endormie................ 512
Du haut en bas.................................. 155
Pierrot, sur le bord d'un ruisseau............ 454
Y a d' l'ognon................................... 652
A la façon de Barbari.......................... 681
J'ai perdu mon âne.............................. 239
De Marcelin...................................... 75
A la papa.. 3
Je vous comprends toujours bien............. 293
Quoi! vous ne me dites rien.................. 241
Cadet Roussel est bon enfant.................. 658
C'est un enfant................................ .. 867
Si Dorilas.. 533
J' commençons à m'apercevoir................. 255
Du ballet des Pierrots.......................... 733
Nous nous marierons dimanche................ 409
Tous les bourgeois de Châtres............... ... 564
Mon père était pot.............................. 633
Le saint craignant de pécher.................. 355
Je n' saurais danser............................ 266
Avale, avale, avale.......... 52
Vaudeville du Sorcier........................... 882
Du pas redoublé................................. 756
Cœurs sensibles, cœurs fidèles.............. 98

Cadet Buteux à Longchamp.. I. 222

CLEF DU CAVEAU.

Airs :	La plus belle promenade.................. Nos	680
	Et flon, flon, flon..................................	91
	Ah! de quel souvenir affreux......................	12
	Trouverez-vous un parlement....................	572
	Le port Mahon est pris..........................	352
	Du pas redoublé..................................	756
	Amusez-vous, jeunes fillettes....................	38
	Du haut en bas..................................	155
	Ton humeur est, Catherine......................	560
	Jeunes filles, jeunes garçons....................	289
	Tout le long de la rivière.......................	104
	Des Pierrots......................................	733

Cadet Buteux à la comédie des Deux Gendres.......... ..... II. 35

CLEF DU CAVEAU.

Airs :	Du vaudeville de M. Guillaume.......... Nos	810
	Lison dormait dans un bocage..................	368
	Vaudeville du ballet des Pierrots....	733
	Bonsoir la compagnie.........	66
	Mon père était pot..............................	633
	On doit soixante mille francs..................	428
	Regard vif et joli maintien......................	693
	Un chanoine de Lauxerrois......................	581
	Ah! monseigneur! ah! monseigneur!.........	16
	De la chasse du Roi et le Fermier.............	676
	Nous nous marierons dimanche.................	609
	Du Pas redoublé.................................	756
	Vaudeville de Lasthénie.........................	803
	Tenez, je suis un bon homme..................	557
	Aussitôt que la lumière.........................	50

CLEF DU CAVEAU.

Airs : Et zic et zic et zoc.......................... Nos 185
La bonne aventure.......................... 302
Ah ! qu'il est drôle.......................... 935
Malgré la bataille.......................... 22
Chacun avec moi l'avoûra.......................... 89
Nous nous marierons dimanche.......................... 409
Entends-tu l'appel qui sonne?.......................... 1317
Contentons-nous d'une seule bouteille.......................... 105
Regards vifs et joli maintien.......................... 693
A peine au sortir de l'enfance.......................... 704
Mon p'tit cœur, vous n' m'aimez guères..... 331
Grâce à la mode.......................... 671
Peut-on affliger ce qu'on aime ? (du *Déserteur*)..........................
Tarare Ponpon.......................... 663
Quand un tendron vient dans ces lieux....... 484
Des Trembleurs.......................... 731
Le petit mot pour rire.......................... 759
L'Ours est-il mort ? (des *Deux Chasseurs*)..
Nous nous verrons demain sur le champ de bataille.......................... 268
Des Pierrots.......................... 733
Ciel ! l'univers va-t-il donc se dissoudre !.... 96
Ah ! ah ! ah ! qu'on ne m' parle pas........... 1126
De la Monaco.......................... 689

CLEF DU CAVEAU

Airs : J'arrive à pied de Province................ Nos 249
Je vous comprendrai toujours bien............ 293
De Marcelin.......................... 75
V'là c' que c'est qu' d'aller au bois............ 627

CLEF DU CAVEAU.

AIRS :	Une fille est un oiseau........................ Nos	606
	Que d'établissemens nouveaux................	486
	Je suis né natif de Ferrare......................	280
	Gai, gai, gai..	167
	Aussitôt que la lumière..........................	50
	Lison dormait dans un bocage..................	368
	Jeunes filles, jeunes garçons..................	289
	Du ballet des Pierrots............................	733
	Servantes, quittez vos paniers................	527
	Menuet d'Exaudet..................................	752
	Un mouvement de curiosité......................	224
	Ma tante Urlurette..................................	576
	Lise épouse l' beau Gernance..................	366
	Toujours seule, disait Nina.....................	563
	Nous nous marierons dimanche................	409
	Tous les bourgeois de Châtres	564
	Eh quoi! déjà je vois le jour....................	732
	Sur l' port avec Manon un jour................	549
	Encore un quart'ron, Claudine................	175
	Des Fleurettes.......................................	723
	En revenant de Bâle en Suisse..................	180
	Que le sultan Saladin.............................	489
	De la Baronne..	665
	Sous le nom de l'amitié..........................	544
	Dans la chambre où naquit Molière..........	311
	Faut d' la vertu, pas trop n'en faut...........	192

Cadet Buteux au Vampire..... III. 81

CLEF DU CAVEAU.

Que le sultan Saladin...................... Nos	489
Tenez, moi, je suis un bon homme............	557
Décacheter sous ma porte........................	140
Vaudeville de Partie carrée......................	833

CLEF DU CAVEAU.

AIRS :	Monsieur le prévôt des marchands.......	Nos 763
	Une fille est un oiseau..............................	606
	Du Ballet des Pierrots............................	733
	Du pas redoublé	756
	Comme on fait son lit on se couche...........	584
	Rien n'était si joli qu'Adèle......................	513
	Réveillez-vous, belle endormie.................	512
	Nous nous marierons dimanche.................	409
	Des Pendus..	728

ACTE PREMIER.

Du major Palmer....................................	1059
Tous les bourgeois de Châtres..................	564
Non, je ne ferai pas ce qu'on veut que je fasse	401
De la Catacoua..	674
Gai, gai, mariez-vous	384
Ah! Monseigneur	16
Il était une fille	219
De Gaspard l'Avisé	1454
Du ménage de garçon	264
Des découpures	679
Écoutez l'histoire entière.........................	249
Nous nous verrons demain sur le champ de bataille..	268
Tout le long, le long de la rivière.............	104
Des Pendus	728

ACTE SECOND.

Dans ma chaumière..................................	121, 122
Cadet Roussel est bon enfant....................	658
La Faridondaine......................................	681

Airs :	Menuet d'Exaudet	Nos 752
	Tarare Ponpon	663
	J'ai vu la meunière	690
	Nage toujours, mais n' t'y fies pas	583
	La boulangère a des écus	303
	Suzon sortait de son village	550
	Des Trembleurs	731
	Nage toujours, mais n' t'y fie pas	583
	Lubin a la préférence	683
	C'est un enfant	867
	Eh ! voilà la vie	24
	Du haut en bas	155
	Du bastringue	1030
	De la parole	693
	Eh quoi, tout sommeille	760
	Tontaine, ton ton	1112
	Du Verre	910
	De la Sentinelle	716
	Au clair de la lune	1820
	Au coin du feu	47
	Des pendus	728

ACTE TROISIÈME.

Des filles à marier	1464
Colin disait à Lise un jour	99
Vaudeville du Sorcier	883
Lise aimait l' beau Gernance	366
La fille au coupeur de paille	248
Un jour à Fanchon j' dis, ma fille	1349
C'est bien naturel	189
Grâce à la mode	671
Digo, Jeannetto	152

D.

E.

F.

G.

H.

I.

N.

O.

P.

Q.

R.

S.

V.

FIN DE LA TABLE GÉNÉRALE

ET DU TOME QUATRIÈME ET DERNIER.

www.ingramcontent.com/pod-product-compliance
Ingram Content Group UK Ltd.
Pitfield, Milton Keynes, MK11 3LW, UK
UKHW020547180726
13838UKWH00001B/88